文芸社セレクション

新卒×女×タクシー

高野 ほっきがい

TAKANO Hokkigai

文芸社

目次

はじめに……8
基本的な情報……10
タクシードライバーという仕事……12
よく聞かれる質問……13
女性だから……17
なぜ気づかれないのだろう……18
芸能人は乗せる？……19
コロナの影響……20
流れ……21
空車の時の走り方……23
恵みの雨……27
夜は見づらい……29
夢の中でも仕事……30
電話はとても紛らわしい……32
近いお客さんは嫌？……34

タクシーの色々な使い方…… 36
タクシーでお引っ越し…… 38
思わぬ人助け…… 39
貸し切り空間…… 40
「〇円で行けるところまで」…… 42
「前のタクシーに付いて行ってください」…… 43
チップはもらえる？…… 44
差し入れ…… 47
言われて嬉しいこと…… 48
ほっこりした話…… 50
誕生日のマダム…… 51
地理の知識…… 52
ゴミは捨てて行かないで…… 54
定員オーバーは乗せられない…… 55
道行く人がお客さんになる瞬間…… 56
お客さんの間違いに気が付けるか…… 58
適当に答えないで…… 60
「急いでください」…… 62

起きないお客さんが一番厄介 …… 65
吐かれた …… 67
ぼったくりおばさん？ …… 70
毒ガス …… 72
ナンパ …… 74
聞き間違いはなんとかしたい …… 76
地名は？ …… 79
前も乗せたお客さん …… 81
忘れ物 …… 82
寄り道にも色々ある …… 84
小学生のタクシー通学 …… 85
音の正体は…？ …… 86
武蔵小山パラダイス …… 88
鳥のフンにやられた …… 90

あとがき …… 93

新卒×女×タクシー

はじめに

本書をお手に取っていただき、誠にありがとうございます。

「新卒×女×タクシー」とは正に著者のことです。私は4年制大学を卒業して上京し、新卒でタクシー会社に就職し、「タクシー社会」である東京でタクシードライバーになりました。タクシーというと、少なからず「年配のおじさんがやる仕事だ」という固定観念があるのではないでしょうか。当の本人もそうでした。

そんなイメージがあるために、新卒なのに?! 女性なのに?! タクシー?! そう驚かれることが多々あります。決して私がパイオニアというわけではありませんが、新卒と女とタクシーを掛け合わせたら面白いのではないか、そう思って就職を決めました（もちろん他にも理由はあります）。そして、そんな私がタクシーの本を書いたら面白いのではないかと思い、本書は誕生しました。日々の乗務で実際にあったお客さんとの出来事や、仕事中に感じたことなどをぎゅっと一冊に詰め込みました。あくまで主観的ではありますが、タクシー運転手の心の内というものも少しは知れるかもしれません。始めから順番に読んでもらっても気になるところから読んでもらっても大丈夫です。どうぞご覧いただければと思います。

ちなみに、都内の数社では新卒採用に力を入れており、年を追うごとに女性ドライバーも若いドライバーもどんどん増えています。「新卒×女×タクシー」というこの肩書も、あと何年か経てばそんなに珍しいものでもなくなっているかもしれません。

基本的な情報

まずはじめに、タクシーの基本的な情報を述べることにする。

① 東京（23区、武蔵野市、三鷹市）の初乗り運賃は1・052㎞で420円であり、その後は距離（233ｍごと）と時間（時速10㎞以下での走行時か停車時、1分25秒ごと）によって80円ずつ加算されていく。高速道路に乗っている時には時間メーターは止まるので、万が一渋滞に巻き込まれても料金は上がらない。22時から翌5時までは「青タン」と呼ばれ、運賃が2割増しとなる時間である。

② 営業の方法は主に3つある。「流し」と「無線」と「付け待ち」である。

流しは、街を走り回って手を上げているお客さんを探す方法である。

無線は、ホテルやマンションから呼ばれるか、最近だとアプリで呼ばれることが多い。無線で呼ばれると迎車料金がプラスで加算され、予約配車だと（待つ時間は取られるが）そこにさらに予約料金がプラスされる。

付け待ちは、駅のタクシー乗り場や、ある特定の会社のタクシーしか入れないホテルなどの専用乗り場に並んでお客さんを待つ方法である。付け待ちの良い所はお客さんが来るのを待ちながら休憩ができることだが、ようやく乗ってきたお客さんが短距離というパターンも十分あり得る。ちなみに、銀座には乗車禁止地区というものがあり、平日の22

時から翌1時まではタクシー乗り場以外でお客さんを乗せることは禁止となっている。他にも赤坂や新橋など、一部、時間によって空車タクシーが進入禁止となる場所もある。

③　手が上がったら必ず止まらなければならない。止まらなければ乗車拒否ということになってしまう。

④　乗せられるのは営業区域内（自分の場合、東京23区と武蔵野市、三鷹市）を発着とするお客さんに限られる。例えば、品川区から神奈川県川崎市までと言われたら送ることができ、その逆も可能である。しかし、例えば送った先の川崎で手が上がり横浜までと言われた場合は、営業区域外から営業区域外なので送ることができない。そのため、そのようなときはお客さんに説明して断らなければならない。しかし、川崎から埼玉県和光市までは一見、上記同様送ることができないかと思われるが、道中営業区域に入ったときに一旦そこまでの会計をしてしまい再びメーターを入れ直せば、営業区域外↓営業区域内、営業区域内↓営業区域外となるため送ることは可能となる。

⑤　「回送」にできるのはトイレ、食事、仮眠といった休憩時と給油する時、帰庫する時のみである。つまり、この場所では乗せたくないから回送にするということはできない。

⑥　働き方は隔日勤務という働き方である。1日ほぼ丸々働いたら次の日は「明け」と言って睡眠や趣味などに当てる自由時間になり、それを繰り返し、時々そこに明けではない普通の休みの日が挟まる。拘束時間は就業前の点呼や洗車の時間を含めて21時間以内で、その間に好きな場所、タイミングで合計3時間以上の休憩を取らなければならな

い。出庫する時間もシフト制で決まっているのだが、例えば月曜の9時に点呼を受けたら火曜の6時までに全て終わらせなければならず、次の出勤は水曜の9時となるのでそれまでは自由である。家に持ち帰る仕事も無いので休みの日に電話がかかってくるようなこともほぼ無く、そういう面では気が楽である。月の乗務数は11～13回である。最大でも13乗務までと決まっているため、それ以上乗ることは無い。

タクシードライバーという仕事

タクシーを運転していると、色々な人を乗せる。年齢層も赤ちゃんからお年寄りまで、職業も様々である。普段、普通に生活しているだけでは絶対に関わることのないような人を乗せて、知らない世界を知ることもある。1回の乗務でだいたい20組～30組、多いと40組ほど乗せることもある。こんなにも多種多様な人と関わる機会があるのはこの仕事くらいではないだろうか。

親子とも日本人なのに英語で会話していたり、教育ママが小学校お受験をすると思われる娘さんに「○○ちゃんみたいにもっとニコニコしてないと受からないわよ」などとお説教していたり、毎日のように朝まで飲んでるというお姉ちゃんに愚痴をこぼされたり、電話で修羅場を迎えていたり…。

様々な人間ドラマが展開されることもあるので面白いし、話のネタは尽きない。営業所で「いってらっしゃい」と送り出され「おかえり」と迎えてもらえるのは一人暮らしの人間にとってはとても好きな瞬間だし、働いていてナビに業務連絡が入るのも上から指令が入っているようで楽しい。

しかし、正直、楽しいばかりではない。夜中、車を走らせていると、なんでこんな時間に働いているのだろうと思うし、家に帰ってベッドで寝て人間らしい健康的な生活がしたいと思うことはしょっちゅうある。働きたくないなと思うこともある。だからと言ってお客さんに不穏な態度をとるのは禁物である。たまたま手を上げてつかまえたタクシーが「外れ」だったら嫌だろう。お客さんが乗ってきたら「タクシー運転手」を演じるのだ。同じお客さんを乗せる可能性はかなり低いし、嫌なお客さんがいても降ろしてしまえば一生会うことは無いのだ。

よく聞かれる質問

よく聞かれるのは、「なんでタクシーの運転手になろうと思ったんですか?」である。「よく聞かれるかもしれないんですけど」という前置きもよくある。そして、その後に間髪入れずに「運転が好きなんですか?」と聞かれることがほとんどだ。またこの話をするのかというくらいよく聞かれるが、お客さんにとっては1回目なので飽きたなとは思いながらも答える。答えはイエスである。ただ、運転が好きというのは後から取ってつけたような理由で、他にも理由はいくつかある。

一つは、隔日勤務なので自分の時間をたくさん持てるかなと思ったからである。初めのうちは体を慣らすのが大変だが、慣れてしまえば意外と寝ずとも仕事が出来てしまうのだ。ましてや運転しているとすぐに時間が経って気が付いたらもう3時間走っていたというようなこともあるので、デスクワークとかで時計をチラチラ気にしてまだ10分しか経っていないなどと感じるよりは時間の経過という点では楽かなと思う。また1日おきに明けの時間がやって来るので、週5日働いているサラリーマンはすごいなと思ったりする。その代わり、1日働いて家に帰って休むと2日経っているため時の流れがとても速く感じる。仕事をほどほどなところで止めていれば、明けは軽く仮眠を取れば遊んだり出かけたりなど比較的自由に動けるのだが、あまり寝ずに走り回って仕事をした日の明けなんかは、疲れが溜まっていて寝ていたら1日が終わっているなんていうこともあるので、明けを捨てて稼ぐか、それとも休みを取るかというさじ加減が難しい。2日連続で休みがあると、明けも合わせて3連休のようになるというのもこの働き方の特徴ではないだろうか。

また、1人で仕事をするので気が楽かなと思ったというのもある。実際、面倒くさい上下関係なども無いのでその面ではとても良いのだが、良くも悪くもずっと1人で、監視の目も無く走るペースなども自分で考えないといけないため、どうしても自分に甘くなってしまうこともよくある。決められた規則に引っかからないようにある程度しっかり働いていれば特には何も言われないため、仕事中にサボるも懸命に走るも自由なのだ。ただ、歩合なので働いた分が自分の給料に反映されるため、あまり怠けると色々な面で苦しくなる。

他には、東京オリンピックに少しでも携われるような仕事がしたいと思ったというのもある。目論見では、海外からたくさん人が来てその人たちを乗せ、いわゆる「おもてなし」が出来ればと思っていたのだが、その小さな夢も、コロナでとてもじゃないが海外から人を呼べないという状況になり、大会が無観客となったことで空しく消え去った。開会式、閉会式の日は通行規制で青山通りなどが通れなくなり他の通りに車が集中したため渋滞がひどく、無線で呼ばれてもお迎え先まで全然たどり着けなくてかなり待たせるとか、お客さんを乗せてもなかなか進まずメーターだけが上がって気まずくなるとか、空車の時は進まないのでただ渋滞にはまっているだけの状態になるとか、高速の入口も一部閉鎖されていたためしばらく下道を走ることになり余計な時間がかかったりと、あまり仕事にならなかった。ただ、あまり良くはないのかもしれないが、人手は多少なりとも増えていたように感じる。携われたと言えば、オリンピック関係者を数名乗せたということだろうか。警備員がいて関係者しか入れないような所に送るのはワクワクした。

それと、変わった仕事がしたいと思ったからだ。初めはタクシードライバーになるという選択肢が全くなかったし頭をかすりもしなかったので、その選択肢を見つけて自分がタクシーの運転手になった姿を想像したときに、単純に面白いなと思った。人から驚かれることをするのが好きなので、街行く人に見られたりお客さんが乗ってきて珍しがられると楽しかったのだが、だんだんそれにも飽きてきてしまった（笑）

あとは「夜働くの怖くないんですか？」と聞かれることもよくある。いわゆる密室空間なので車内で何かされればかなり危険なわけだが、変なお客さん（面倒くさい絡みをしてくる人や厄介な人）が時々いるくらいで、あとはそうやって心配してくれるような良いお客さんが大多数である。朝方とかに乗せたときに「女性なのにこんな時間まで働いてるんですね」と驚かれるのが少々面倒くさいくらいである（笑）あるお客さんに「自分の身は自分で守らないとだめだよ」と言われて何をやったらいいかという話になり、ボクシングを習うことを勧められた。

怖いと言えば、事故と違反が怖いというのはある。プライベートで運転している人に比べると圧倒的に車に乗っている時間が長いため、どうしてもそういったことを起こす可能性も高くなる。もちろん全くやらない人もいるのだが。働いていて今まで軽微なものを何回かやってしまったことがあるが、免許が無くなると仕事が出来なくなるので、毎回気を付けて乗務している。人の命を運んでいるので安全運転は絶対だし気は抜けないのだが、それでもふとした時に貰い事故をすることがあるかもしれないため、常にあらゆる可能性を予測して運転していないといけないのでかなり労力を使うのも本当のところだ。

女性だから

少なくともタクシーの運転手は年配のおじさんだというイメージがあるせいで、見た目から新人だと思われることも多く、行き先の確認のために復唱しただけで「大丈夫？　分かる？」と心配されたりすることもある。それくらい分かるわ！　と、馬鹿にされてると感じることがある一方、本当に分からないときに分からないと言いやすくもあり助かることもあるので、一長一短といったところだろうか。

ある時には「まさか研修中？」と、またある時には「現場体験してるの？」と聞かれ、違うと答えると「本物のドライバーなの?!」と驚かれたこともある。しっかり二種免許を取って働いているんですよ。

「女性の運転手さんで良かった」「女性だと安心して乗れる」と言われることもある。「女性には乱暴な運転をする人がいないよね」とか「丁寧だよね」とか言われるのだが、それは偏見であって、男性でも丁寧な運転をする人もいるではないかと思う。

「女性の運転手がもっと増えてほしい」と言われたこともある。そのお客さんが「女性の運転手には少し多く払うようにしてもいいと思うけどな」と言っていたのでチップをもらえるのではと少し期待したが、しっかりお釣りを受け取って降りていった（笑）

夜中、豊洲の辺りでお客さんを降ろした後、お客さんなんて絶対にいないだろうなと思いながら走っていると、こちらに気が付いて手を上げた人がいた。20代前半くらいの女性だ。乗せると、「良かった、女性だ」と言われた。「変な個人タクシーに乗っちゃって途中で降りてきたんです」それ以上は聞かなかったが、言うなれば密室空間でハンドルを握られているので怖かっただろうなと思う。夜中とかに乗る女性客にとっては安心できる存在でいられているのではないだろうか。

なぜ気づかれないのだろう

よく女性だということをツッコんでくるお客さんがいる。女性の運転手が珍しいと言う人もいれば、「女性の運転手は最近よく見るようになったけど、若い女性って珍しいですよね」と言ってくる人もいる。後ろのドアをお客さんに照準を合わせて止まったときに「あ、女性だ」と言われることもある。

しかし、乗ってきたときには特に何も言われず、降りるときになって「あ、女性だったんだ！」と言われたことがある。しかも1回や2回ではなく、ざっと10回以上である。その度に、え、気づくの今?!　と思うのだが、なぜ気づかれないのだろうか。自分で言うのも何だが、ショートカットとかでは全くないし、男と間違えられるような見た目はしていないはずだ。そうしたら、声なのか。たしかにそれほど声は高くないため、ハンドルを握っているのが男性だと思い込んで乗ってきたら声だけで識別するのは至難の業かもしれない。ただ、乗ってくるときにこちらも振り返っているし、顔は見られていると思っているのだが、お客さんは意外と見ていないということだろうか。確かに、こちらもお客さんが乗り込んできて行き先などを聞くやり取りの中だけでお客さんがどんな人だったか記憶できることはあまりない。ただ、性別と年代くらいは分かるのだが…。おそらくどんな人が運転しているのかなんて、特に気に留めずに乗ってくるのだろう。

芸能人は乗せる？

東京でタクシーを運転していると芸能人もよく乗せるのではないかと思われるのだが、1度だけアナウンサーを乗せたきり誰も乗せていない。そのアナウンサーも送り先が某テレビ局だったしタクシーチケットに名前が書いてあったため気づけたので、もしかしたら他にも乗せているけど気づいていないだけなのかもしれない。他の乗務員さんの話を聞くとあんな人を乗せたとかこんな人を乗せたとか聞くこともあるので、おそらくそうだろう。みんなマスクをしているご時世で怪しいなと疑うチャンスも無いので、よっぽど特徴のある人とかでない限りなかなか分からないものである。

コロナの影響

　タクシー業界はコロナで大打撃を受けている。よく飲食店をやっている人が乗ってきて、お互い大変ですよねというような話をする。

　緊急事態宣言で街から人がいなくなったときは、本当に東京なのかというくらい街が閑散としていた。仕事だから走るものの、空車タクシーしかいないし、お客さんどころか人すらいなかった。

　昼間には人が出てくるようになっても、夕方になると途端に人がいなくなっていた。その時は夜に走っても仕方が無いのでその時間までが勝負であった。

　そして人出があっても飲食店も時短営業となると、お店が閉まる20時頃にはみんな行くところが無いので早々に帰ってしまうようになり、深夜にお客さんがいる望みは少なかった。

　このところはいわゆる自粛疲れで自粛しない人も増えてきて秘密裏にやっているお店もあるので人も出てきているが、人が出てくるようになるとお客さんが増えるので嬉しい反面、早くこの状況から脱却したいから出てこないで自粛していてくれという気持ちもある。

ただ、仕事をしていて、お客さんを乗せられずに空車で走っている時間が一番キツイので本当にコロナが憎いし、早く世の中が元の状態に戻ることを願っている。普通だったころの状況で仕事をしてみたいのだ。やる気の問題もあると思うが、良い月と悪い月の給料を比べると7万円ほどの差ができた。

ようやく駐車場付きのコンビニを見つけてもコロナ感染予防のためトイレを貸していないというのもよくあった。

某コンビニに入るとトイレの入口の前にロープが張られていて中に入れないようになっており、そこに付けられた紙に「当店ではトイレのご利用は中止しております」と書かれていた。使えないのか…とがっかりしたのだが、よく見るとその下に何か注意書きのようなものが書かれていた。

社会のために働く運転手の皆さん、お疲れ様です。ご使用していただけますので店員にお声がけください。

！！！！

なんと！　ありがたい！　制服を着ているからタクシーの運転手だということは分かるだろう。声をかけると快く貸してくれた。

流れ

お客さんを送った先のマンションで偶然にも良いタイミングで人が出てきて乗ってくる

とか、裏の何も無いような路地でお客さんを降ろして大きい道に出ないとなと思って数十メートル進むと本当にたまたまお客さんがいるとか、こんなところに絶対いないだろうというような場所にいるとか、そんなこともある。

基本的には営業区域内であればどこでも好きな所を走っていいので、自分は大方、新宿、渋谷、港区辺りで営業している。なので外の方に連れていかれたらとりあえずその辺りを目指して戻るのだが、その間にお客さんを見つけて「新宿駅まで」などといい感じに戻してもらえるとかなり嬉しい。都合よく移動しながら稼げるからだ。

仕事をしていて調子が良い日と悪い日というのもある。絶望的にタイミングが悪くて、お客さんはいるのに自分の前後で乗られて全然乗せられないとか、お客さん自体見つけられないとか、乗せても単価が低いとか。全体的に人が出ていないときもあるのだが、他の人は乗せられているのに自分だけ乗せられずにいるとかなり嫌になる。走るだけ無駄なのでそういう時はそういう日だと思って潔く諦めてしまうのが良いのだろうが、走っていれば乗せられるだろうと思って走って結局後悔することが多い。6組目までみんな3桁円だったこともあるし、29回乗せた時点で売り上げが28000円だったこともある。ひどい時は最高単価が3500円という日もあった。しかし調子が良いと万収（1万円以上）を1日に2回引いたり、3000円とか4000円とかをコンスタントに引いたり、何回も高速に乗ったりなんてこともあるのだ。夜、電気がついている時にレインボーブリッジを渡れるとテンションが上がる。もちろん街の動きなどの影響があることもあるが、それとは関係なしに自分だけが調子が良かったり悪かったりということがあるのだ。

走っている時間はほぼ同じはずなのに毎回自分の倍くらい稼いでくる人もいるのだが、なぜそんなに変わるのだろうか。センスもあるのだろうが、飲み会が終わるような時間に飲み屋街を攻めるとか終電を逃した人を狙うとか、時間によって走る場所を変えたりと、ただ走っているように見えて実は作戦を立てて計画的に走っていたりするのだ。一見誰にでも出来る仕事だが、しっかり働こうとすると意外と奥は深い。

空車の時の走り方

自分が空車の時は前に空車タクシーを入れたくないというのが本音である。やはり先頭を走っている方がお客さんを乗せられる可能性が高くなるからだ。なので自分が空車で車線変更をしようとウインカーを出したら、譲るどころか加速してきて1台入れる余裕はあったはずなのになかなか入れてもらえないことが多い。特に夜間帯、車が少なくなると飛ばして抜かしてくるタクシーもたくさんいて、それで今まで目の前でお客さんを取られてきたことは何度もある。そういう時はもちろん悔しくなるが、それでいちいちイライラしていてはやっていられない。自分はやはり安全第一なのでレースのようなことはしたくないし、入りたがっている車がいたら積極的に入れるようにしている。みんな譲り合いの精神で運転してくれればとは思うが、給料がかかっているのだからそうも言ってられないのも分かりはする。実際、もっと飛ばして荒い運転が出来ればもっと稼げるんだろうなと思うこともあるが、無理は禁物だろう。

初めに述べたように先頭を走っている方が有利なのは間違いないが、そうでなくても多少の望みはある。急にひょこっと横からお客さんが現れることもあるし、複数人いたら何台かに分かれて乗ることもあるし、特に夜中とかだと前のタクシーがお客さんを見落として行ってしまうことがあるのだ。そして止まったタクシーの先にお客さんがいることもあるため油断はできない。また、会社や車種を選んで乗ってくるお客さんもいる。接客だったり乗り心地だったり、理由は様々であるが、わざわざ選んで乗ってくれると嬉しいものだ。

空車の時は一番左の車線を走って、左回りで、信号をなるべく先頭で止まるようにするのが基本である。

一番左を走るのは、お客さんを見つけたときに安全かつスムーズに止まるためだ。ただ、駐車車両や二輪車が多いと非常に走りづらいため第二通行帯を走ったりもするのだが、そうすると後ろから第一通行帯を走ってきたタクシーにお客さんを取られてしまうこともあるため、なかなか難しい。

左回りをするのはお客さんを逃す可能性を減らすためだ。一車線とか二車線しか無い道路だったらまだ良いのだが右折するとなるとどうしても早い段階で右の方に寄っていなければならない。そうなると、お客さんがいたとしてもすぐには左に寄れず、乗せられないのだ。

信号を先頭で止まるのは、歩行者用信号の点滅を見て上手いこと調節すれば可能である。信号を渡ってきた人が乗ってくることもあるし、信号待ちの間に人の流れも多少変わるので信号が変わって発進した後にも期待できる。信号の先にお客さんを見つけることもあり、そういう時は、信号が青になるまでに他のタクシーが曲がっていって乗せてしまわないことを祈るばかりだ。

また、仮に自分の前に空車が走っていたら違う方向に行くのが賢明である。例えば左に1台、まっすぐ2台行ったなら自分は右折してみる。場所によってなんとなくお客さんがいるスポットがあるので大体みんな同じ方向に行きたがるのだが、そこであえて別の方向に曲がってみると、これが案外お客さんがいたりする。タクシーが走ってこないので取り残されたお客さんがいるのだ。まあ、いないときはいないので賭けではあるのだが。

深夜帯になると付け待ちのタクシーが増える。駅とかでタクシーがずらっと並んでいることがあると思うが、それの路上版だと思ってくれればいい。お店とかから出てくるであろうお客さんを待ち伏せしているのだ。ハザードをたいて止まってくれていればいいのだがただ左に寄って止まっているだけなので、信号待ちとかだと動く気が無いのか青を待っているのかというのがかなり分かりにくくて困る。

それくらいお客さんがいなくてタクシーが余っている状況だということだが、あまりにも止まっているタクシーが多いとそこで流す（走って手を上げているお客さんを探す）気は無くなる。たとえ良いタイミングでお客さんが出てきても付け待ちのタクシーに乗られてしまうことが圧倒的に多いからだ。それでも時々付け待ちのタクシーがいっぱいいるにもかかわらずわざわざ手を上げて乗ってきてくれるお客さんもいてそういう時は優越感を感じるのだが、あるお客さんが「近いと止まっているタクシーに乗るのが申し訳ない」と言っていた。

　需要と供給が一致していればいいのだが、供給過多だと空車と空車に挟まれて走ることも多々あり、渋谷などを渋滞かというくらいの速度で走っているときにお客さんを見つけると、回転ずしならぬ回転タクシーになった気分になる。タクシーが溢れているともはや先頭も何も関係ない。お客さんもタクシーが次々と流れてくるのですぐに止めないといという焦りなど無く本当に好きなタイミングで手を上げて乗るのだ。お客さんが乗ろうと思った瞬間に目の前を通れるかなので、完全に運とタイミングである。

　逆に需要の方が供給を上回っていると、お客さんを乗せて走っているときにお客さんらしき人をたくさん見つける。お客さんが多くなくとも、実車中にお客さんを見つけることはよくあるのだが。乗せてあげたいなと思いながらもすでに別のお客さんを乗せてしまっているので、2台に分裂できたらなと思ったりする。お客さんがいないと「空車」表示のまま走っていても誰も乗せられずに休憩する場所に辿り着くので、お客さんがいなかったら休憩しよう、というようなことができるのだが、お客さんが多いときだとありがたいことに「回送」にしないと休憩する場所に向かっている間に手が上がって乗られてしまいなかなか休憩できないということが起こる。需要が高い方が、必要とされている分やる気も出るし働きがいもあるのでいつもそんな感じだったらなとは思うが、日や時間によるのだ。

恵みの雨

雨が降ると、客足が増える。突然降った時や、あまり運転したくないが傘が意味をなさない土砂降りの時（ワイパー最速）は特にだ。傘を持っていなくて移動しつつ雨宿りするお客さんもいれば、たまたまタクシーが走ってきたから乗ってくれるお客さんもいる。ある意味「傘代わり」にされるため、近距離のお客さんが多いのだが、逆に言えば普段だったら歩いている（わざわざタクシーに乗るほどでもない）距離でも乗ってきてくれる人が増えるため、降ろした先でまたすぐにお客さんを乗せることも、天気が良い時よりも増える。

以前、港区の仙台坂の下あたりで5歳くらいのお子さんを連れたお母さんを乗せたのだが、降りたのは仙台坂上だった。たしかに、雨の中小さい子を連れて坂を上るのは大変なのでタクシーに乗ってしまいたい気持ちは分かるためまだ納得だ。また、赤坂郵便局の辺りでお客さんを乗せたときに「次の信号左で」と言われ、青山一丁目の交差点を左折したらすぐに降りていったことがある。乗車時間は実に1分である。「雨が降ってるし腰が痛くてね」と言っていたが、それしか乗らないのに420円ももらってしまっていいのかと思うくらいだ。あとは大久保駅の辺りで乗せて「まっすぐ」と言われたので小滝橋通りは越すかなと予測していたのだが、ガードをくぐった辺りで「ストップ、ストップ」と言われた。雨が降っていたとはいえ、感覚的にはガードをくぐっただけである。近すぎてつい何で乗ったのだろうかと思ってしまったが、こんなに短距離で420円稼げるのならこんなに楽なことは無い。

タクシーの利点を挙げると、バスや電車だと降りた後にバス停や駅からある程度歩かないといけない場合が多いが、タクシーではそれが無い。目的地の限りなく近い所まで濡れずに移動することができるのだ。

時々「ごめんなさい、シート濡らしちゃいました」とご丁寧に謝ってくれる方もいるが、それほど気にする必要はない（もちろんそのお心遣いは嬉しいのだが）。物凄く降っているときはドアを開けたときにどうしても雨が入ってしまうし、お客さん自身も濡れていて避難するように飛び乗ってくるので座席が濡れていようが濡れていまいがあまり変わらないのである。

夜は見づらい

暗くなってから、こんな所にいないだろうなと思いこんでお客さんを探すことに集中せずに走っていると、見落として少し通り過ぎたところで止まってしまうことが多い。後ろから空車タクシーが来ていたらそっちに乗られてしまうが、そうでなかったら少し歩かせてしまうが来て乗ってくれる。

そうして乗せたお客さんに、「怒ってるとかではないんですけど、今みたいなときってどうしたら気づいてもらえますか？」と暗い所でタクシーを止める解決策を聞かれた。携帯のライトとかを点けて大きく手を振ってくれると分かりやすいし、そうしてくれるお客さんは結構いる。木とかに紛れていると気づけないのでごちゃごちゃしていない所にいてもらうといいかもしれない。また、変えようがない話だが、白っぽい服の方がまだ見つけやすいし、1人よりは複数人の方が認識しやすい、ということを伝えた。止まれないのは油断して走っているこちら側の問題ということもあるが、分かりやすく止めてもらえるとありがたい。

夜と言えば、たまに木とかがお客さんに見えてしまうことがある。人がいると思って近づいていくと看板だったりゴミだったりして、職業病だなと可笑しくなる。

夢の中でも仕事

仕事中に仮眠を取ると、よく夢の中で仕事をしてしまう。休憩を終えて起きて出発して車を走らせているのだが、それは夢なので、目覚めると元の場所に戻っているのだ。目覚めると、夢だったのだとは分かりながらもなんとも不思議な感覚に陥る。

眠くなってから休憩するとなかなか体が復活しないため眠くなる前に積極的に休憩を取るようにしてはいるのだが、時々、それでも睡魔が襲ってくることがある。眠くて眠くてもう運転できないとなってからやっとの思いで停められる場所に車を停めると、大体はそのまま倒れるように眠りに落ちる。こういうときは悪夢を見ることが多い。夢の中にいるのも眠い自分なのだが、そこにお客さんが乗ってきてしまい、半分寝たような状態で働くのだ。目覚めると、夢で良かったと安堵する。眠い状態で運転することほどしんどく、危険なことはないだろう。

一度、おそらく夢の中でお客さんを乗せたのだろう、仮眠から目覚めたときに慌ててメーターを「実車」に入れていたことがある。その後また少しだけ眠りに落ちて5分も経たないうちに再びハッと目が覚めたのだが、その時には「実車」になっていたので、お客さんを乗せているのにガッツリ寝てしまったのか?! とかなり焦った。怖くなって後ろを振り返って見ると誰も乗っておらず安心したのだが、寝ぼけて夢と現実が入り混じってしまうのはなかなか怖い。

　長距離のお客さんを送った後は急に疲れが出てきやすい。隣県などに送った帰りの高速にＰＡ（パーキングエリア）があったら寄って休憩をしたりもするのだが、都築のＰＡで寝たとき、こんな夢を見た。よく見る夢同様、車を走らせていると、次第に明るくなり、帰る時間になって家に帰って普段通りの明けの時間を過ごしていた。なんとも平和な日常だ。するとそこで目が覚め、現実に引き戻された。外は暗いし、車の中だ。ここはどこなのか。ああ、都築のＰＡで休んでいたんだった。急に何時間も前に戻ったので、寝起きというのも相まってなかなか思考が追いつかなかった。ただの夢ではあるが、ある種の不思議体験である。

　夢の中で仕事をすると、しっかり働いて、働いた気になってしまうのでよくない。実際にはその時間は全く動いてすらいないからだ。一度、明治通りで乗せたお客さんに「苫小牧まで行けますか？」と言われ、苫小牧までは厳しいので青森までということになって青森までの道を走らせていた。が、夢であった。送っている道中で目覚めたのだが、かなりおいしいお客さんだったのは間違いない。しかし、夢なので実際の収入はゼロである。しかもかなりの長距離だったので、道の長さ分、けっこうしっかり寝てしまっていたのである。

　寝て起きると自分がどこで休憩していたのか、現在地がほどんど毎回分からなくなる。ナビを見れば間違いなく思い出すのだが、起きてパッと外を一瞥しただけでは場所を識別できない。暗いと余計にだ。港区の青山公園は駐車禁止の標識の下に「タクシーは除く」

と書かれており、タクシーだけは駐車できるのでタクシー運転手がよく休憩している場所なのだが、その青山公園を目指して走っていて寝てしまったことがある。目が覚めて、青山公園に行くんだったとすぐに車を走らせたのだが、少し進んで気が付いた。その目覚めた場所が正に青山公園だったのだ。途中で力尽きて寝てしまったのだと思い込んでいたが、どうやらきちんと辿り着いてから休憩していたらしい。途中の記憶がないとはなんとも怖ろしい話なのだが。

電話はとても紛らわしい

時々「電話してもいいですか？」とお断りを入れてくれるお客さんがいるが、車内で電話をするのは一向に構わない。構わないのだが、話しかけられているのか電話なのか分からなくて迷うことがあるので、できれば「もしもし」とか「はい」とか発信音とか、それっぽいことから入ってもらいたいというのが本音だ。

以前、言われた行き先に向かって走っていると急に「どこ向かってんの？」と言われた。え…。何か間違えたか？　とドキッとし、口を開こうと思ったときに、電話の向こうの人と話しているのだと分かってホッとしたのだが、セリフもセリフなだけあってかなり焦った。

迎車でお客さんが遅れて来たとき、乗って行き先などを確認して出発した後に「すいません、遅くなりました」と言われたので「いえ、大丈夫です」と答えると「違います」と言われた。こちらではなく、電話の相手に謝っていたのだ。まるで謝られるのを待っていたようではないか。恥ずかしい…。こういう時は勝手に気まずさを感じてしまうので目的地に着くまで電話が終わらないことを祈るばかりである。

話しかけられたと思って「はい？」と聞き返してしまったり、このように間違えて返事をしてしまったときに「電話です」と教えてくれる人もいるが、何も言わずに電話を続ける人もいる。そのようなときはうっかりしてしまった返事がお客さんに聞こえていないことを願って何事もなかったかのように平静を装って運転に集中しなおす。

そして逆に、恥ずかしい思いをしないために警戒しすぎていると話しかけられたのに無視することになってしまう。「すいません」などと話しかけてくれれば迷いなく返事ができるのだが、いきなり話しかけられると答えるのに少しためらってしまうことがある。確信が持てないときにはワンテンポ待って、沈黙になるようであれば話しかけられていた可能性が高いため聞き返すようにしている。

もちろん、電話をしながら乗ってきて行き先だけを伝えてすぐに電話に戻るお客さんや、乗っている間ずっと電話をしているお客さんもいる。目的地に近づき、電話を遮って申し訳ないと思いながらもタイミングを見計らって「ここでいいですか？」などと聞いた際に声で返事をしてくれればいいのだが、たまに返事が無いと思ってチラッと後ろを振り返ると手でＯＫサインをされていたり、「もっと前」とか「右に曲がって」というようなジェスチャーをされていたりすることがある。前を見て運転しているのだから、後ろで無音で何かをされても…と思う。そういう人はタクシーに乗っていることを電話の相手に気づかせないくらい静かに全てを済ませて降りていく。なのでこちらも少し空気を読んで最低限の声量での接客にしたりする。一方で、通話中にもかかわらず降りるときに「ありがとう」と言ってくれるお客さんもいて、そういう時は嬉しくなる。

近いお客さんは嫌？

「すみません、近いんですけど」とか「近くて申し訳ないんですけど」とか「近いんですけどいいですか?」とお断りを入れて乗ってくるお客さんがいる。降りるときにまで「近くてすみませんでした」と言ってくる方も。「とんでもないです」「乗っていただけるだけでありがたいので」と返すと「そう言ってもらえると助かります」と。ご丁寧にありがとうございます。確かに、最初に言ってもらえると大してメーターが上がらなくても寛容でいられる心の準備ができる。何も言われずに近距離だった場合、お支払いの時に近かったなと少なからず思ってしまうが、言ってくれた場合、同じ距離でも気持ちが変わる。自分の中の「近い」は４２０円か５００円か５８０円かの距離なので、それくらいなら確かに近かったけどいいよとなるし、それ以上行けば万々歳である。稀に「近いんですけど」と言ったわりに1500円くらい乗ってくれる人もいて、「近いんですけど」っていうほど近くないよ！ と思ったり。あくまでこれは私の感覚で書いているのであって、感覚は人それぞれではあるが。脱線するが、東京は初乗り（1・052㎞）が420円（その後は80円ずつ加算）なので例えば4人とかで乗れば、短距離であれば意外とお手軽な移動手段なのではないだろうか。

時々「やっぱり○○までで」と目的地が変わることがあるが、それが初めに言われていたところよりも近くになるとがっかりしてしまう。逆に遠くなったり、2人とも降りると思っていたのに1人しか降りずまだ続きがあったりしたときは嬉しい（できれば初めに言っておいてほしいが）。

お客さんとタクシーの話（駐車場代が高いから車を買うよりタクシーを使う、タクシーが全然来ないときがある）をしているとき、「近いと申し訳なくて右手が上げられなくて…」という言葉が出た。「近くても乗っていただけるだけでありがたいですよ」などと言うと、「運転手さんはみんなそう言ってくれるんだけどね…。昔は舌打ちとかしてくる人がいて…」と。一旦その話は終わったかと思ったのに、まだ続いた。言い方が変わっただけで話している内容はさほど変わらない。「私は本当に乗っていただけるだけありがたいと思うんですけどね。まあ確かに近いのを嫌がる人はいますよね」「人というか会社にもよるんですよ。○○（弊社）さんにはそんな人はいないんですけど」なんとも嬉しいお言葉だが、このお客さん、過去の経験がトラウマになってしまっているのだろう。

確かに近いとがっかりすることはあるし、遠ければ遠いほど嬉しいのは間違いない。しかし、乗ってもらえるだけでありがたいというのも本音である。このご時世では特に、だ。空のタクシーを走らせているよりはよっぽど良いし、波というものがあって、一度お客さんを乗せるとその流れで次のお客さんに繋がることも割とある。それに、粘り強く短いのをコンスタントに乗せて回数で稼ぐのも手だからだ。塵も積もれば山となる、だ。

タクシーの色々な使い方

お客さんを乗せていると、タクシーは単に移動手段として使うのはもちろん、それ以外にも色々な乗り方、使い方ができるなと思わされることがある。

例えば子どもの送り迎えに使うことがある。子どもを送ってからお母さんも別の場所で降りるとか、帰宅途中に保育園にお子さんを迎えに行って家まで帰るとか、家でお母さんを乗せて息子2人を迎えに行き、1人を習い事に降ろし、また家まで送るなどパターンは様々である。西五反田のお客さんは、家の前で乗せて保育園にお子さんを迎えに行ってまた家に戻ったのだが、往復して2360円だった。車を持っていないのであれば一番楽な方法ではあると思うが、毎日そうしているのであれば出費がかさみそうだ。

よくあるのは、複数人で乗ってきて1人ずつ別々の所で降りていくパターンだ。全く方向が逆なら別々のタクシーに乗った方が良いが、ある程度同じならば同じタクシーに乗ることがほとんどだろう。3人乗ってきたときに、最終目的地まで向かうルート上に他の2人の目的地があって、たまたまではあると思うがすごくよく出来ているなと思った。このように行き先をはしごするときは、予め全ての行き先を言ってもらえると大変助かる。パッと言われるとすぐには分からないこともあるが、最初に言ってくれていれば、走っている最中に場所の確認などをすることができるし心にゆとりができるからだ。

逆に途中で人を拾うこともある。待ち合わせて乗るのがほぼ100%だろう。「ほぼ」と言ったのは、一度だけ突発的に乗せたことがあるからだ。品川のソニー通りで30代くらいの男性を乗せ、たった4分ほどの乗車だったのだが、その間にこんなことがあった。道案内された通りに路地を走っていると、突然急いだ口調で「窓を開けてください！」と言われた。あまりにも急だったのですぐには対応できずにいると、お客さんが自分で窓を開け、車の後ろの方に向かって何やら叫んだ。何事かと驚いたが、ちょうど走ってすれ違っていった人がいてその人に向かって叫んでいることが分かったので、すぐに車を止めた。どうやら鍵を持っていくのを忘れた娘さんのようで、「乗りな」と娘さんも乗ってきて高輪まで送った。娘さんにたまたますれ違うというシチュエーションがあるとは全く想像すらしていなかったので驚いた。

男性が女性を送っていくこともよくある。六本木通りで男女を乗せたときに「北千住経由で湯島」と言われた。明らかに湯島の方が手前だし「経由」と言うほど北千住は近くないのだが、お兄さんがお姉さんを「送ってくよ」ということだった。こちらとしてはメーターがどんどん上がるのでとてもありがたいのだが、そこまでして送っていくのがすごいなと思ってしまう。乗ってくるときにタクシー代を渡して別れる人もいるが、アプリ決済を活用する人もいる。アプリ決済は、乗ったときにスマホで決済の申し込みができ、到着した際に支払いが完了するので、お客さんは何もせずにそのまま降車することができるのだ。タクシー代以上の余分なお金を出さなくて済むし、その場での支払いが無くてスムーズに降りられるので実に「スマート」な方法だろう。

タクシーでお引っ越し

タクシーで引っ越しをするお客さんを乗せたことがある。車通りの多い所で手が上がって止められ、家の前まで行ってトランクと後部座席に荷物を積み、お客さんは助手席に座った。聞くと、シェアハウスに住んでいたのだが環境が合わず、前に住んでいたシェアハウスにまた舞い戻るらしい。しかも今回の所には1日しかいなかったというから思わず聞き返してしまった。トランクと後部座席に荷物を積んだとはいえ引っ越しとは思えないほど荷物が少なかったのだが、なるほど、シェアハウスだから引っ越しの割に身軽なのか。

そしてそのお客さんはＵｂｅｒ Ｅａｔｓの配達員をしているらしいのだが、タクシーだと遠い方が嬉しいが、Ｕｂｅｒは近い方が嬉しいというような話などをして面白かった。

思わぬ人助け

困っている人を乗せることも多い。「終電に乗りたいんですけど」と一刻を争っていたり、「○○に行きたいんですけど辿り着けなくて…」と道に迷っていたり、「近くの内科まで」とすごく体調が悪そうな人とその連れがある意味救急車代わりに乗ってきたり。貧血の人や飲みすぎた人を送ったこともあるが、付き添いがいると何かあったときのことを考えても安心できるしかなり心強いため、乗せるときの心持ちも変わる。

豊洲のららぽーとの前あたりで信号待ちをしていると、女性が走って乗ってきた。行き先は「次の信号まで」近くないか？　と思ったが意外と３００ｍくらいあり、降りてすぐ走って行ったのでとても急いでいて乗ったのだなと分かった。

貸し切り空間

ちょっとした貸し切り空間として使う人もいる。車内で電話をする人はよくいるのだが、ある時、電話中に「ちょっとここで止まって」と言われたので言われたとおりに止まった。誰かが合流するのか、どこかに寄り道をするのかと思ったのだが、止まっても電話が続いていただけで特に動きは無く、10分くらい経った後で「出発してください」と再び走るよう言われた。何のために止まったのか分からなかったが、今思えば車内で電話を済ませたかったのかもしれない。

また、別の日の19時頃、新宿通りの四谷四丁目の辺りで女性が1人乗ってきて、「実車に入れていいので待っててもらえますか?」と言われた。おそらく建物の中にいる人を待つのだろう。実車に入れていいと言ってくれるのは良心的だ。手が上がってちょっと待っててくださいと言われて2、3分待つことはざらにあるのでそういう感じだと思ったのだが、5分経っても10分経っても後ろで女性がパソコンをカタカタ打っているだけで、一向に他の人が来る気配が無い。こんなに待つならタクシー代がもったいないしもっと後で手を上げて止めればいいのではないかと思ったが、座れて且つ仕事もできるスペースとして待ち時間を活用していたのだろう。止まっていると1分20秒で80円しか上がらないので運転手からするとあまり嬉しくないのだが。

結局20分待ってようやく男性が乗り込んできて、「新宿三丁目」と言われた。四谷方面に頭を向けていたので逆方向だし、けっこう近いではないか。まあいいか。乗ってきたのはおそらく会社の同僚だろう。ずっと仕事の話をしていて、新宿三丁目に到着しても話は続いた。着いたら普通はすんなりと降りていくのだが、一向に会話を終わらせる空気が感じられない。一度メーターを止めて運賃を確定したのだが、止めなくていいと言われたので再び実車に入れた。すぐに降りるなら一刻も早く止めるはずなので、まだ長くなるということか。

車を止めてから2、3分経っただろうか。女性が「私このまま渋谷まで乗って行きます」と言ってくれたので、もうすぐ話も終わって男性が降りるだろうと思った。しかしそんなことはなく、そこでも結局会話が終わるのを20分くらい待つことになった。やっと男性が降車し、女性を宮下公園の辺りまで送った。最初に乗せてから降りるまで丁度1時間くらいで4500円だった。普通にずっと走っていたら30分で4500円くらいにはなるのであまり良い仕事ではなかったが、その間ずっと空車で走っているよりはいいだろう。

そういえば余談だが、宮下公園と言えば、行き先で「宮下パーク」と言われたことがあり、「公園」をわざわざ英語で言うなんて変わった人だなと思ったのだが、知らなかっただけで2020年7月にオープンした「MIYASHITA PARK」という複合施設があったのだった。どんどん新しいスポットが出来ており、ナビに反映されていない所もたくさんあるため、そういう情報にはアンテナを張らなければならないなと思う。

「〇円で行けるところまで」

「〇円で行けるところまで行ってください」と言われることもある。渋谷の109の辺りで乗せた若い女性客2人に、「六本木の交差点の方まで行ってほしいんですけど、1500円で行けるところまででお願いします」と言われ、渋谷の駅前を通って明治通りを右折し六本木通りに入ってまっすぐ走った。「お客様、六本木の交差点はいかがいたしましょうか?」「右に曲がっても超えませんか?」「はい、大丈夫そうです」六本木の交差点付近まで来ても思ったよりも余裕があり、案の定、右折しても1300円に収まった。その時は条件通りに行きたかったところまで辿り着けたので良かったなと安堵した。

恵比寿駅の西口辺りで乗せたお客さんに「千葉の蘇我駅なんですけど1万円だとどこまで行けますか?」と聞かれた。どうやら1万円未満まで使えるタクシーチケットを持っていてそれを使いたいらしい。ナビで蘇我駅を入力すると50kmはあった。ゆうに2万はいくだろう。蘇我駅まで乗せられたらなと思うも、残念ながらそうもいかない。それでも1万円は乗ってくれるのだから喜ぶべきところだ。走ってみないとはっきりどこまで行けるとは言えないと言うと、そっちの方面に向かって走って1万円くらいになったらその近くの駅で降ろしてくれればいいとのことで、とりあえず船橋駅を目指して行くことになった。その後に、払っても13000円までだと念を押された。天現寺から高速に乗りメーターを横目に気にしつつ走っていたのだが、途中で明らかに船橋までは行けないなと確信しそれをお客さんに伝えると、「何駅までなら行けますか?」と聞かれた。一般道と違い途中で止まるわけにもいかず、高速を走行しながら全く詳しくない土地の行けそうな駅を探すのはかなり厳しい。それに、一つ出口を過ぎてしまえば次の出口までは降りられなくなるのでメーターがかなり上がってしまう恐れがある。そこで「次の出口で降りて探すでもいいですか?」と断りを入れ、京葉市川で降りた。地図を見ると近くに本八幡駅があり、そこでいいかと聞いたらいいと言われたので駅に向かって走っていると、急に「ここでいいです」と駅でも何でもない所で降りて行ってしまった。高速代を含めて11350円だったのだが、タクシーチケットと2000円を置いて「お釣りはいいです」と。そこから駅までは歩けない距離ではなかったが、そんなにお釣りを置いていくなら駅まで送ったのに…と、なんだか申し訳ない気持ちになった。

「前のタクシーに付いて行ってください」

「前のタクシーと一緒」と言われるのは意外とある。緊迫した状況で乗せたことは無いが、「前のタクシーに付いて行ってください」とか「前のタクシーを追ってください」というセリフを聞くとイレギュラーな感じがしてけっこう楽しい。ただ、最終的な目的地をなんとなくでも聞いていればいいのだが、そうでない場合は見失わないように付いていくことに注力しなくてはならない。間に他の車が入らないようにし、信号で引き離されないように気を付ける。追われているタクシーがこちらのことを気にかけて走ってくれればいいのだがそうもいかないため、無意味な車線変更などに振り回されることもある。

以前六本木で女性客を3人乗せ、「前のタクシーに付いて行って」と言われたときのこと。新宿の方だとは聞いていたが、順調に追って走っていたら急に「私ここで降ります」と言われ、1人降車するのに止まった。さっと降りてくれればいいものの、少々時間を食った。前のタクシーに付いて行ってと言ったのに途中で止まってしまったら見失うではないか。そう思ったが、夜中ということもあり車通りも少なかったのでなんとか追いつくことができた。制限速度を超えて飛ばしたとかではないのに、今でもよく追いつけたなと思う。

チップはもらえる？

以前どうだったか詳しくは知らないが、お客さん曰く、バブルの時代は1回で3万円チップをもらっていた運転手さんがいたというから驚きだ。近年はと言うと、クレジットカードや交通系ＩＣなどといった決済のキャッシュレス化が進んでいて、そもそも現金で払う人が少ないため、自ずとチップがもらえることも減ったらしい。とは言え、もらえることはある。1乗務で1回ももらえない日もあれば、4回もらうこともあるなど、その日にもよるのだが。

よくあるのは10円単位の端数をもらうことだ。例えば420円で500円渡されて「お釣りは大丈夫です」と80円もらうとか、1140円で1150円渡され10円もらうとか。それしかもらえないのかと思うかもしれないが、それでも嬉しいものである。「ちりつも」なのである。

あとは1780円で2000円、1220円で1500円渡されてお釣りをもらうなど、数百円のチップをくれる人もまあいる。これくらいもらえるとその日のご飯代にも充てられるのでウキウキになる。

5000円以上もらうこともごく稀にある。1300円で2000円、420円で1000円渡されるなど。5000円以上となると、本当にお釣りはいらないのかと一度疑いにかかってしまう。自分だったらそんなに余分に払わないと思ってしまうからだ。運賃はその5割ほどが給料として入ってくるがチップは10割手元に残るため、1メーターという落胆からの580円のチップは、それはそれは嬉しいものである。

そして会計後にチップとして「頑張ってね」と1000円札を別にもらったことも数回ある。急に自分の財布にお札が1枚増えるのだから、これは別格で、突然のボーナスである。

また、現金以外の方法で支払ったのにわざわざ財布から小銭を出して「これでコーヒーでも飲んで」と飲み物代を別でくれる人がいる。「お釣り取っといて」と言われるのとはまた別の嬉しさがある。自分のためにわざわざ出してくれたという、その気持ちが大変嬉しいのである。

チップの渡され方としては、420円で1000円出されて「500円だけお釣りください」とお釣りを指定されたり、予め1000円を渡され、「近いのでお釣りはいらないのでこれで行ってください」とチップをくれることを先に宣言されることもある。以前、高齢の男性客を乗せたとき、1000円札を出されて「これで行って」と言われて、580円の距離を乗せありがたくチップをいただいたのだが、そのときポケットティッシュを配るよう言われていたためチップのお礼も込めティッシュを渡すとけっこう嬉しそうになり、「もう一枚あげなきゃな」と孫にお年玉をあげるような感じでなんともう1000円くれたのだ！　ただ会社のティッシュを配っただけなのにすごく得してしまった。

少し変わっていたのが、乗せたのは1メーター（420円）だったのだが、「末広がりの800円あげる」と800円払ってくれたことがある。一瞬状況が掴めずお釣りを渡そうとしてしまったが、残りはチップでくれるということだった。そのときも然りなのだが、チップをもらえるのはお客さんと会話していたときの方が多い気はする。

朝方、無線で呼ばれて迎えに行くと、おばさまが乗ってきて早々水素水をくれた。世田谷の自由が丘の辺りから築地まで送り、なかなか引きが悪い日だったのでそれだけでもとてもありがたかったのだが、なんと築地で買い物をするので待っていてほしいと言われたのだ。20分くらいで戻ると言われたが40分待ち、戻ってきてそこから３㎞くらい先の所に送って最終的に９５４０円になった。すると1万円を出されてお釣りはチップとしてくれた。ありがたい！　するとその後さらに1万円を差し出され、何かと思ったら「これ両替してほしいんだけど」なんだ、両替か。1人目のお客さんとかだったら、え…となったが、もうそろそろ帰るころだし千円札はいっぱいあるし売り上げにかなり貢献してくれたしチップまでくれたので喜んでしますよ。「５０００円あげたいから５０００円だけください」え？！！　ただ両替するだけだと思ったのに５０００円もくれるの?!　とてもありがたくいただいたのだが、今までと次元が違いすぎてかなり驚いた。

差し入れ

時々お金以外の物をくれるお客さんもいる。「コンビニに寄ってください」と言われ、お兄さんが戻ってくるのを待っていると、「何好きか分からなかったので」とペットボトルの水をくれた。昼に乗せたおばちゃんは某喫茶店の個包装のドーナツをくれた。夜中に乗せたお姉さんは「飲もうと思ってたんですけど」と、栄養ドリンクをくれた。

ある日、迎車でホテルで乗せたお客さんが、乗ってきて早々「運転手さんこれあげます」「女の子を待たせて悪いからね」と、おそらくホテルでもらってきたであろう小さいサイズのペットボトル飲料をくれた。その時は「ありがとうございます」とありがたくいただいたのだが、後に冷静になる。指定されていたホテルの正面入口が狭い路地にあったので停車して待てず少し外れたところで止まっていたため、けっこう探されたとのことだった。乗っている間けっこう会話をしていたのだが、少し変わった人だったし探させてしまったため変な物を入れられててもおかしくないよな、と送った後、冗談半分にもらったペットボトルを見ると、内容物が気持ち少ないではないか。まさかの飲みかけか…。ゴミを押し付けられただけではないか…。そう思うとありがたいと思ってた気持ちが急にどこかに飛んで行った。しかし、ペットボトルが開封済みか否か知る方法を調べると、実際は未開封だった。もともと少なめに入ってるものだったようだ。親切心に変な疑いをかけてしまって申し訳なかった。

言われて嬉しいこと

降り際に「頑張ってね」とか「気をつけてください」と一言くれたり、「まっすぐ行くと○○通りに出ます」とか「そこの駐車場でUターンした方がいいですよ」と帰り道を教えてくれたりすると、その気遣いに心が温かくなる。路地を抜けて家の前で降ろした後に

「この先通れるかな。（狭くて）通れる運転手さんと通れない運転手さんがいるんだよね」と言われた。え…なんて場所に連れてこられたんだ…。と思ったが、そう脅された割にはそこまで苦労せずに抜け出すことができた。そう言ってくれていなかったら油断してどこか当てていたかもしれないし慎重になれたので良かったのかもしれない。

「助かりました」とか「やっと止めれた」と言ってもらえると、他のタクシーではなく自分のタクシーが必要とされていた感じがするし、お客さんも乗れて嬉しいしこちらも乗せられて嬉しいという双方が求め合うという理想的な状態になる。

内容は何であれ、褒められるのは嬉しいものである。「いい運転手さんだね」「運転上手だったわ」「頑張ってるね」「かわいらしい女の子ね」などと言われたことがあるが、上からであっても悪い気はしない。ある時Uターンをして目的地のお店の前に止まったときに「この辺りでよろしいでしょうか？」と聞くと「完璧です」と言ってくれたのはとても嬉しかったのを覚えている。また、「女性のタクシーに初めて乗りました」とか「いいことありそう」と言われると、何もしていないのに褒められているようで気分が良くなる。

「おやすみなさい」と言って降りられるのも急に親近感が湧いて嬉しかったりする。

ほっこりした話

ベビーカーに乗った男の子とそのお母さんを乗せたときのこと。お客さんが降りるときに忘れ物が無いか確認するのだが、トランクからベビーカーを降ろした後に後部座席を見ると、座席の上に子どもの手の平くらいの石が取り残されていた。石だからどうなのだろうと思ったが、まだベビーカーを開いたりしていたお客さんに慌てて「これお忘れですか？」と差し出すと「あー、すみません！　○○くん、石忘れてたって」と。男の子に渡すと「ありがとう」と言ってくれた。何の石かは分からないが、渡して良かったなという、可愛い忘れ物の話である。ちなみに余談ではあるが、タクシーに乗ったら領収書はもらっておいた方がいい。タクシー会社の電話番号はもちろんだが、どの車両に乗ったかも分かるようになっているため、万が一車内に忘れ物をしてしまっても見つかる可能性が高くなるからだ。

夜、20代後半くらいの男女を乗せたときに後ろで「行灯が点いていたら空車なんだよ」という話をしていて、そこからタクシーが空車か当てるゲームが始まった。見れば一目瞭然なのだから外しようがないし半分ふざけてやっていたのだが、「あれは？」「空車！」「じゃああれは？」「空車でしょ～！」という具合にしばらくやっていて、なんだか微笑ましかった。

明治通りの北参道の辺りでお父さんと女の子を乗せて「表参道ヒルズ」と言われて向かっていた。左折する神宮前の交差点にもうすぐ差しかかるという所で「やっぱり交差点で止めてください」と言われ、「せっかくだから表参道歩こうか」と降りていった。本当なら少しでも長く乗ってもらいたいところだが、その理由に心が温かくなった。

会社帰りだろうか、新橋でスーツの若い男性を乗せると「骨董通りまでなんですけど、ハロウィンを見たいので飯倉から六本木通りを通って行ってください」と言われた。ハロウィンを見たい?! おそらくハロウィンで賑わっている街の様子を見て少しでもハロウィン気分を味わいたいということだろう。しかし、時は10月24日である。六本木通りに入っても街の雰囲気はいつもと何ら変わりはしない。今日はまだハロウィンじゃないですと指摘することもできず走っていると、「あれ、ハロウィンって来週ですか?」と聞かれた。どうやら一週間勘違いしていたようだ。

誕生日のマダム

40代後半くらいのマダムと、マダムと同じ年くらいの男性が乗ってきた。「運転手さん、私、今日誕生日なんですよ！　誕生日にこうやって女性のタクシーに乗れて嬉しいわ！」乗ってくるや否や、弾んだ声でそう言われた。「そうなんですね！　おめでとうございます！」誕生日を祝った後なのだろうか。「女性だから」というそれだけの理由で幸せを感じてもらえるなんて光栄である。走り出してからは特には話しかけられることは無く、後ろで会話をしているだけだった。いくつになっても誕生日をちゃんと祝っているのが素敵だなと思ったのと、何もしていないのに喜んでもらえてこちらとしても嬉しかったので、お会計も終えて降りるときにせめてものお礼の気持ちを込めて「よいお誕生日を」と言った。

お客さんにとってはタクシーに乗ったのは単なる移動手段にすぎないだろう。しかしその特別な一日の雰囲気を壊さず邪魔もせずに、一瞬でもお客さんの幸せな記憶の一員になれたなら、嬉しい限りである。良いお客さんには自然と良いサービスをしたくなるものである。

地理の知識

タクシーの運転手なんだから道、場所を知っていて当然。そういうスタンスで乗ってくるお客さんは多い。たしかにプロとして地理を把握しているのは求められて当然のことであるが、お店や通りまで全て網羅するのは厳しいものがある。よく走る所はそれなりに分かるのだが、五差路とか六差路は苦手だし、首都高の分岐もまだ完全には自分のものにはできておらずナビを入れないと走れないし、滅多に行かないエリアでお客さんを乗せてしまうと急に分からなくなる。お客さんからしたら同じ「タクシー」に乗っているのだからそんな事情分かりようがないのだが。

「○○って分かりますか？」と聞いてくれれば分からないと言いやすいし、そういうお客さんはだいたいありがたいことに懇切丁寧に道案内をしてくれる。しかし「○○を走るならそれくらい知らないと」「○○くらい分かるでしょ？」と強めに言われることもある。主要道路は分かっても、一本入った細い道の名前や裏道などはお客さんに教えてもらって覚えているのが現状で、それを積み重ねて知っている道を次第に増やしている。いくら地図上で確認して覚えたつもりになっても、実際に走ってみないとなかなか覚えられないものである。また、一度覚えたはずなのにしばらく走らないでいると忘れてしまっていることもある。時々「前○○があった所」など昔あった建物の名前を言われたり「新しい道を通って」と言われることがあるのだが、昔を知らないため分からない。ただ何度も言われるとここのことかと分かるようになるのだが。乗ってきて「最寄りの山手線の駅まで」などと具体的な駅名を言われず困ることもあるのだが、これもある程度はどの駅が何線なのかというのも把握する必要があるということだろう。

今でこそナビもスマホもあるため、自分が今どっちの方角に向かって走っているか、どこを走っているかを常に把握でき、分からなくなったら簡単に調べることもできるが、ナビが無かった時代は…と考えると頭が上がらない。西東京市のお客さんも、「便利な世の中になったよね。今は住所を教えればただ乗ってるだけで着くけど、昔はずっと外を見て次右とか左とか言わないといけなかったんだから」と言っていて、お客さん視点でもそうなのかと気づかされた。

ゴミは捨てて行かないで

支払いが終わった後、若いお姉ちゃんに「ゴミ置いといていいですか?」と聞かれた。しかも1メーターしか乗せていないのにだ。断れずに受け取ったが、タクシーはゴミ置き場じゃない。まあ、まだ一言あったからいいが、何も言わずに空のペットボトルとかを置いていく人もおり、それには腹が立つ。

お父さんと息子2人を羽田空港まで送ったときだっただろうか。車内でご飯を食べていたのだが、降りるときに何の断りも無しにそのゴミが入った袋を座席の足元に置いて行かれた。子どもたちがタクシーにはゴミを置いていってもいいと間違えて覚えなければいいのだが…。

定員オーバーは乗せられない

ロシア人5人が乗ってきた。定員は自分を含めて5人なので定員オーバーである。みんな細身でスラッとしていたが、とはいえ無理だ。4人しか乗れないと言うと案外すんなりと2人降りてくれた。4人しか乗れないことを知らなかったのか、乗れるんじゃないかというノリで乗ってきたのかは分からないが、話が通じて良かった。

別の日。手が上がった所で止まると、5人いた。2台に分かれるだろうと思ってドアを開けたら、なんと躊躇なく後ろに4人乗った。男の人の膝の上に女の人が座っていたが、子どもとかではなく全員が大の大人だったので、もう絵がいっぱいいっぱいだ。「すみません、後ろの定員が3人なので…」と言うと「大丈夫でーす」と返ってきた。大丈夫ですか？　いや、大丈夫じゃないでしょ。さすがにそれで走るわけにもいかないので「ですが…」と粘っていると「ドア閉めてくれないって」と言って3人降りてくれた。どうやら2台に分かれてくれるようだ。無理に乗らずに初めからそうしてください。後ろの3人が降りたので、助手席に1人と後部座席に1人という変わった構図になった。

道行く人がお客さんになる瞬間

たまに信号待ちの時に第二通行帯で止まっているにもかかわらず手を上げて近づいてくる人がいる。右折レーンで信号待ちをしていたら来た人もいる。来てしまったものは乗せざるを得ないし乗ってくれるのはありがたいのだが、いつ信号が変わるかもしれないし危ないので歩道から手を上げて呼んで乗っていただきたい。

何の合図もせず近づいてきて後ろのドアの前で立ち止まる人もいる。ドアを開けてみると乗り込んでくるのでお客さんなのだが、せめて軽くでもモーションが欲しい。近づいたら勝手に開く自動ドアとでも思っているのだろうか。

また、同様に、流していると明らかにお客さんなのだが手も上げずただこちらを見つめて立っている人がいる。スピードを落として近づいても特に動きも無いので気にしつつ通り過ぎようとするとようやく慌てて手を上げたりするのだが、意思表示をしなくても分かるでしょというスタンスはやめてほしい。

基本的には周りを見ているので人が近づいてくると大抵は気が付くのだが、時々ぼーっとしてたり死角から来たりすると気が付かないことがある。助手席の方から顔を覗かせていいですかという感じで来てくれるのが一番良いのだが、急にドアをトントンとノックされるとかなりドキッとする。それでも止まっているときならまだ良いが、狭い路地などを徐行しているときにされると、何かに当ててしまったかとさらにドキッとしてしまう。何度か、実車中でお客さんが乗っていたのに信号待ちでトントンとされたことがある。人が乗っているか見にくいこともあるかもしれないが、乗っていたお客さんも、何だ？　という感じだった。

タクシーに乗っていると、観察眼が鍛えられる。手を上げずともあれはお客さんだろうなというのが大方分かるようになるのだ。早い段階でお客さんだと見当が付けば早めに止まる準備もできる。例えば信号が青なのに渡らないでいたり、車道に寄り気味（または車道）でこっちを向いて立っていたりするとほぼ間違い。建物とかから出てきてスタスタと一直線に車道の方に向かって歩いてくる人もかなりの確率でお客さんになる。そうして予測したのが当たると楽しい。たまに道路の反対側で手が上がることもある。そういう時は、Uターンして反対側に来てほしいのかお客さんの方がこちらに渡って来たいのかを確認する。しかし、お客さんだと思ったらただ向こう側に横断したいだけの人なこともけっこうある。反対側も見ていたら横断したい人だなと分かるのだが、こちら側が途切れないと話にならないのでまずはこちら側しか見ていない人もいて、とてもややこしい。よく騙される。また、道路の反対側の人と大きく手を振って別れていたり、腕時計を見たりする仕草とか頭をかく瞬間にもたまに引っかかりそうになる。駐車車両の陰から飛び出すように止めてくる人がいるが、追突の危険性があるしそんなにすぐには止まれないので余裕を持って止めていただきたい。

お客さんの間違いに気が付けるか

道などを提示してくれるのはいいが、時々通り名を間違えて覚えていたりする人がいて途中であれ？　となる。

おばさんを乗せて成子坂下まで、「こうなん小学校の方から行って」と言われた。成子坂下は分かるがこうなん小学校が分からないと言ったら怒られ、強めの口調で案内されていたのだが、途中でどうやら「神南（じんなん）小学校」のことを言っているのだと分かり、それは分からないわと反発したくなった。しかも誰かと電話していて「今乗ってるタクシー、ハズレ」と言われた。いや、客の方がハズレだわと心の底から沸々と湧き上がるものを押し殺して、早く降りてくれないかなという一心で運転した。

目的地を間違えて言われることもある。

広尾の辺りでお客さんを乗せて「赤坂プリンス」と言われたのだが、分からなかったので聞くと「オークラの向かい」と言われた。オークラの向かいにあっただろうかと思いながらいたのだが、「橋渡って」と言われて、橋を渡るということはオークラではなくニューオータニではないかと気付いた。自分でもホテルオークラとホテルニューオータニは混同することが頻繁にあるために気が付くことができた間違いである。

「東京プリンス（ホテル）」と言われて向かったのだが、行きたかったのはザ・プリンスパークタワー東京だったということがある。東京タワーの近くで、場所的にはさほど変わらないのだがお客さんが示したのがプリンスパークタワーの方に行く道だったので、途中で「プリンスパークタワーですか?」と再度聞いた。しかし「いや、東京プリンス」と言われたので東京プリンスに向かうと、「ここじゃないな」となった。その後にプリンスパークタワーに向かうと、「あ、ここ東京プリンスじゃないんだ」と言っていたので名前を間違えて認識していたようだ。名前を勘違いしているのか場所を勘違いしているのかが分からなかったため行ってみるしかなかったのだが、ホテルに限らず似たような名前の所はややこしいので注意しないといけないなと思った出来事である。

杉並区の浜田山の辺りでお客さんを降ろし、井の頭通りを都心に向かって走り出すと、3分くらいで次のお客さんが見つかった。ラッキー。この辺りは全然分からないぞと思いながらも乗せた。

「反対側だからここ左曲がって井の頭通りね」「かしこまりました」「高井戸の方なんだけど、ロイヤルホストあるの分かる?」「申し訳ございません、ロイヤルホストは分からないです…」「言ったら大体分かるんだけどな」すみません。高井戸の駅の方だとすると…「井の頭通りをまっすぐ行って環八を左ですか?」「環八までは行かないわ」なるほど。つまり環八にあたるまでにあるということか。

走りながら左右を見渡しロイヤルホストを探す。それっぽい看板を見つけたのだが、近づくとデニーズだった。しかし、もう間もなく環八である。見落としてしまったのだろうか。「お客様、まだ先ですかね?」と聞くと「あれ、ちょっと待ってね」と電話し始めたので一先ずその場で止まった。「もしもし、ロイヤルホストだよね? 環八の手前の。うん。うん。あ、デニーズ?」デニーズなのかい! 電話が終わった。「すいません、デニーズでした」デニーズでしたか。その場で止まって大正解だった。

適当に答えないで

寝ぼけているのか酔っているのか、あるいは両方か。そんな客のする返事には注意しなくてはならない。何かを聞くと「はい」と返事が返ってくるが、多分何も考えておらず反射的に返事をしている。そういうお客さんは深夜帯に多いためその時間帯は特に注意を払い、「はい」以外の答えになるような質問が出来れば適当な返事かどうかだいたい見分けられるのだろうが、なかなかそう上手くも行かない。返事が無ければ寝ているなと分かるのだが、返事をされてしまうとその判断は難しい。とにかく少しでも怪しいなと思ったらお客さんの言ったことを鵜呑みにせず疑いをもってやり取りするしかない。

一度驚いたのが、酔っ払い、寝ぼけながら道案内をしてきたお客さんだ。お客さんの言う通りに、右に左にと曲がって行き「ここで」と言われたためお会計をしようとしたら、「あれ、ここどこ?」と言われ、え?! と思い「お客様のおっしゃった通りに来たのですが…」と言うと、「ここじゃないわ。次の角右で」と再び道案内が始まった。言っている通りに行ってしまって本当に大丈夫なのか？　と心配だったが、先程までよりはっきりとした喋り方になった気がしたので言う通りに進むと、無事に家まで辿り着いた。最初に着いたところからそこまで遠くはなかった。お会計をしようとすると、お金が足りないからと「かばん人質ね」と言って家にお金を取りに行った。なかなか戻ってこなかったのでそのまま寝てしまったのではと不安になったが、ちゃんと戻ってきてくれた。良かった。それにしても、違ったとはいえ無意識的に（？）案内していたのはすごいなと驚いた。

ときどき正常なのに適当に返事をしている人もいて、それもなかなか厄介だ。そんな人に限って何かをしていて全く外を見ていないのに後から遠回りをしただの道が違うだのまだ着かないのかだの文句をつけてくる。確認したのに、だ。

よく走る場所は大分分かってきたとは言え、お店の場所までは全ては把握しきれていない。「渋谷のアップルストアまで」と言われ、確か明治通りだった気がすると思って「明治通りでしたっけ？」と聞くと「はい」と返事が返ってきたので合っていたなと進んでいたのだが、渋谷駅の辺りに差し掛かってもなかなか現れず、「まだ先でしたっけ？」と聞くと「え、分かりません」と返ってきた。分からない?!　結局明治通りには無かったのだが、分からないなら適当に返事をしないでほしかった…。

こんなこともあった。「案内します」と言ってくれたので安心して走っていた。しばらくまっすぐ走っていても何も言われず、大きな交差点の手前で「まだまっすぐでよろしいでしょうか?」と聞いたら「あ、そこ左です。すいません、スマホいじってました」と言われた。おっと。案内してくれるって言ってたから聞かなくても大丈夫かと思っていた自分もいたので、危うく通り過ぎてしまうところだった。そう考えると案内してくれるにしても予め大体の行き先を言ってもらえると安心できるなと思う。

「急いでください」

「急いでください」と言われるのは好きでない。安全第一をモットーに運転しているので無理な割り込みや車線変更はしたくないし車間もそれほど詰めたくない。急いでも実際のところ時間的にはそんなに変わらなかったりするからだ。

しかし「急いで」と言われたからにはなるべく右の車線や空いている車線を走って、なるべく信号に捕まらないようにして、信号が青に変わったと同時に発進して、出せるぎりぎりの速度で走って、少しでも早く着き少しでも早くお会計を済ませてドアを開ける。このようにできる限り急ぎはするが、それでも後ろから「あと何分ですか?」とか「もう着きますか?」とか「急いでください」と何度も急かしてくる人もいる。まだ時間に余裕がある中で「○時までに行きたい」と言われるのはいいのだが、明らかにかなり巻かないと間に合わない時間を言われると厳しいものがある。

迎車で、待ち合わせ場所で待って10分くらいお客さんが遅れて来たのにもかかわらず「急いで」「○分までに行きたいんですけど」と言われると、それならもっと早く来てくれないかな、遅れたくせに無茶言うなと思う。あとは、特に急いでとは言われていないが、後ろで電話で「○時に間に合わないです」などと話しているのが聞こえると知らなかったとは言え急に申し訳ない気持ちになる。

急いでいるお客さんで一番苦手なのが、乗って早々行き先を言って道を確認する時間もくれずに「いいから進んで」「分かるでしょ」というスタンスでくる人だ。そういう人はだいたい余裕が無くてイライラしているのでとにかく強めにくる。強めにこられるのはあまりいい気がしないものだ。

ここで、とにかく滅茶苦茶だったお客さんの話をしよう。このお客さんも乗って開口一番に「急いでるから」と言ってきた。「とりあえず○○の方に向かって」と言われ、軽くナビで確認しようと思ったら「とりあえずまっすぐだから早く行って」と。途中で信号に引っかかることを願いつつ速度を上げて走っていると、住所を言われ、ナビに入れるように言われたが、さすがに運転に集中しないと危ないし入れられないので信号で止まったときに入れると言って信号待ちでささっと入力した。もうすぐ左に合流しないといけないところで左側の車線を走っていたら「右の方が速いよね？」と言われた。そんなことはない。ナビは入れたもののそれほど道を確認する暇はなく、とりあえずナビ通りに走っていた。しばらく直進だったのだが曲がるところに来たので、左折レーンに入った。何も聞いてはいないのに急に「そうだよね、そこ左だよね」と納得するように言われたので少しほっとして左折したのだが、走っていると「さっきのとこ曲がらない方が良かったんじゃない?」と言われた。え、さっき肯定していたのに…。たしかに初めにナビ通りで良いか聞けばよかったのだが、お客さんの威圧感に負け、聞けなかった。その後、片道一車線の信号で止まったときに、丁度止まったすぐ左前の辺りから車が出てきていた。いつもだったら絶対に譲っているところだが「絶対入れないでね」と圧をかけられたため、青になって前の車に続いて発進しようとしたら半ば強引にその車が出てきてしまった。入れないとぶつかっていたので入れざるを得なかったのだが「なんで入れたんだよ」と怒られた。しかもその直後、前方にハザードをたいた車がいて詰まってしまっており、前の車同様ブレーキを踏んだら、「なんでブレーキ踏んでるんだよ」と。そんなこと言われても…。さらに、信号待ちで右折レーンに先頭で入ると、後ろから「お願いしますね」と聞こえた。青になって直進車が過ぎるのを待っていると、「なんで行かなかったの」と言われた。青になった瞬間に右折しろということだったのか。普通に対向車が来ていたのに、そんな理不尽な…。「運転下手くそだね」とか「車線取りも下手だしコースもおかしいし」などと乗っている間ずっと文句を言われ、納得がいかないながらもそれをとにかく謝って流し、早く降りてくれないかなという一心で運転した。

「運転が下手」と言われるとすごく頭にくる。そんなに上手くないのは自分でもよく分かっていて、それを丁寧さで補っているので急ぐことを要求されれば自分の強みは何も出せないことになる。別のお客さんだが、急いでと言われて急いでいて、信号で止まったときに「もっと静かに止まってください。下手くそすぎでしょ」と言ってきた。急ブレーキをしたわけではないしそんなに激しくは止まってはいないのにだ。当てつけだろうが、スピードも丁寧さも両方求めるのはナンセンスではないか。

このような無理難題を言ってくる嫌なお客さんもいるが、まあ稀なのでこういう時はたっぷり休憩して気持ちを切り替えるしかない。案外その後に乗せるごく普通のお客さんに気持ちを救われたりするものだ。

起きないお客さんが一番厄介

酒に酔って寝てしまって起きない客は手がかかる。目的地をはっきり聞いていればまだ良いのだが、ざっくりと〇〇の辺りなどとしか聞いていないのに起きてくれない場合は、大抵後悔する。分岐点となりそうな所に近づいたら確認のため声をかけるのだが、返事が無い場合は後ろを確認し、寝てるなとなったら一度止まって、あらゆる手を使って起こす。軽く寝てしまっているだけの場合は、（特にうるさい場合）空調を切って何回か声をかけると起きてくれる。夜だと後部座席の電気を点ければ起きてくれることもある。このくらいで起きてもらえればホッとするのだが、無理だった時はセカンドチャレンジに突入だ。

窓を開けたり、ドアを開けたり、後部座席まで行って声をかけたり、お客さんに直接触ることはできないので座席を何度も叩いて音を出したり、耳元でケータイのアラームを鳴らしたり…。さすがにここまですれば起きるだろうと思うかもしれないが、起きないときは本当に起きない。ある時、もう起きてくれないかと半分諦めかけていたのだが、呼びかけ続けていると声を出すでも体を起こそうとするでもなく、手だけが動き、親指が立った。おそらくその時にできた精一杯の意思表示である。このように少しでも動きがあったり起きようとしているというのが伝わってくればこちらとしても希望を見出せるのだが、死んだのか？　というくらい微動だにしない場合はもう最終手段に出るしかない。

近くに交番があったらそこに行き、無かったら110番をして警察に起こすのを手伝ってもらうのだ。警察官でも女性には触れられないらしく、女性客のときは、見てるので肩とかを叩いて起こしてみてくださいと言われたこともある。結局それでは起きず、車体を揺らしたり（逆に気持ちよく寝てしまうのではと思ったが…）、懐中電灯で顔を照らしたり、声をかけたりして2人がかりで起こしてくれた。男性客のときは結構体をゆすったりして起こしてくれた。

例にもよって何をしても起きなかったから警察署に行ったのにもかかわらず、外にいた警察官に起こしてくれるよう頼んだら自分で起こしてくださいと言われたことがある。無理だったから助けを求めているのに…と思いながらももう一通り頑張って、やはり起きず、すぐ目の前が警察署なのに110番すると、5人も来てくれた。

覚醒すると、警察官がいることに驚いたり、急に冷静になったり、いくら寒くしても起きなかったのに急に寒がったり、「この子友達だから後で払うから～」と警察官の前で訳が分からないことを言って乗り逃げしようとしたりと様々であるが、とにかく起きてくれると安心する。ここまで手がかかるととても疲れるので出来ればあまり乗せたくないというのは言うまでもない。

吐かれた

深夜1時ごろ無線が取れた。歌舞伎町かーと思いながらも迎えに行くと、酔って寝ている（?）若い女性が乗ってきた（乗ってきたというよりは乗せられてきた）。男の人が3人いたが、付いてはこないようだ。その内の1人が「その住所（予め指定されていた）の地下に送ってください。ここに鍵があるんで」と言ってきた。鍵は財布のようなものに付いていた。本人は一言もしゃべらないし、動かないし、ドア側に頭をぐだっとしてもたれかかっていた。目的地を言えないほど泥酔しているお客さんは乗車を拒否することができるので、今思えばあの時乗せなければよかったと思うのだが、お兄さんの「じゃあよろしく」という勢いに負け、大丈夫か?!　と思いながらも、しぶしぶ車を出発させてしまった。

送り先は10分くらいの所だった。地下が分かるかというのと着いたときに起きるかという心配をしていたのだが、そんなことを考えていると、後ろから水のような音が…。え？吐いてる?!　そう思ったときには車内に異臭が蔓延し始めていた。むせるでもなく声を出すでもなく、息をするように静かに吐き続けているのだ。乗ったときの感じから話しかけても答えないだろうと半分諦めていたので、とりあえず窓を開けて鼻から息を吸うのを止めて目的地まで走らせた。今思うと気づいた時点で袋を渡していれば多少はマシだったかもしれない。シャッターみたいな所の前まで着いたが合っているか確信が無かったのでダメ元で話しかけて聞いてみると「ここで大丈夫です」と言った。しゃべった。しかもしゃべりは案外しっかりしていた。お会計をしようとすると「ちょっと待ってください」と言われたので待っていると、車内の足元に四つん這いになってさらに吐き始めた。ちょっとちょっと。慌てて袋をガサガサすると「袋ください」と言って袋に吐いてはくれたものの、もう手遅れである。お会計ができるのかというのも心配だったが、一通り吐き終わると1万円を差し出された。吐いたことに対して謝ってもくれない。ひどく吐かれたので本当はお釣りを渡さずにもらってしまいたかったが、そんなわけにもいかないので1円も多くもらわずしっかり返した。地下でもないし本当にここでいいのか？　という感じの場所だったが、大丈夫だと言われたのでそこで降ろした。降りてはくれたが荷物を降ろすのすらしんどそうだったので手伝い、再度大丈夫か確認して帰庫した。これ以上は営業ができない。まだマスクがあったからよかったが窓を開けても甘い匂いがプンプンして、鼻の中に匂いが残った。

あまりにもひどいし初めてのことでどう洗車したらいいか分からなかったので聞くと、何も関係ない先輩が洗車を手伝ってくれた。しかもなんだかんだ9割くらいやらせてしまった…。自分が乗せた客ならまだしも、何も関係ないのにだ。とても助かったが、申し訳なかった。そしてドアにもたれかかって吐いていたせいで座席の下の隙間にまで入り込んでいてなかなか厄介だった。車内だけで1時間半くらいかかった。全て終わった後に吐かれたことを聞きつけた別の先輩がとちおとめ味のカントリーマアムをくれたのだが、その味がまさに吐かれた匂いとシンクロして美味しく食べられなかった…。

これだけでも最悪なのに、この話にはまだ続きがある。明けの時に営業所から電話が来て、「最後に乗せたお客さんが、荷物が無くなってるって言ってるんだけどシャンパンとかなかった?」と聞かれた。さらに、その次の日にも吐いたお客さんの男から電話が来たらしく、どんな荷物があったかとか吐くのに途中で降りてないかとかを聞かれた。途中で降りていたらあんな大惨事にはなっていないわけで。吐いた謝罪も全く無く、しかも2日連続で電話して疑ってくるとは……。本人はきっと吐いたことも覚えていないのだろう。とても腹が立ち、せめて洗車代を払ってから文句を言えと言いたくなった。

それから歌舞伎町は避けるようにしている。もちろんまともなお客さんもいるのだが、歌舞伎町に送ってもすぐに脱出するようにしているし、コロナで街から人が消えて「歌舞伎町にお客さんいるよ」と言われても行きたくないのだ。

その一件から吐かれたことは数回あるが、「袋ありますか?」と言って袋の中に吐いてくれたり、車から降りて吐いてくれたり、少し車内が汚れただけで洗車代として3000円くらいくれたりと、「歌舞伎町事件」と比べるとかわいいものである。吐かれるとそこから営業が出来なくなってしまうので、せめて洗車代は欲しいところだ。

コロナの緊急事態宣言で唯一良かったことと言えば、飲食店の酒の提供の自粛により飲む人が減り、吐かれる可能性が減ったということだろうか。その分お客さん自体も減っているので何とも言えないのだけれど。

ぼったくりおばさん？

17時ごろ歩道のかなり奥の方から手を上げて手招きしながら走ってくる人がいて、それに気が付いて止まった。乗せると「よく分かりましたね、1台行っちゃって」とのことだった。人の動きはよく観察して走っているので大きく合図してくれれば大体は分かる。その後何事もなく某タワーマンションに到着した。「お会計、420円です」と言ったと同時くらいに、すでに財布から出されていた小銭がトレイに置かれたのだが、雑に出したからか「キャー」と、勢いあまってトレイから小銭が滑り出た。落ちた100円が視界の中に映ったため、それを拾いトレイに戻して数えると320円だった。「お客さま、あと100円足りないです」「え、10円？」「100円ですね」「出したはずなんだけど…」「どこかに落ちてますかね」と車内を見回したが見当たらなかった。「じゃあ出します」と財布から100円を出してくれたのだが、出したと言っていた限りは絶対に車内にあるはずで、疑って多くもらうのは申し訳ないので、「出していただいたなら大丈夫ですよ」とその100円を返すと「また乗りますね〜」と降りていった。

その後、落としただけならそんなに変な所には入り込まないはずだ、と車内を軽く探してみたがやはり見つからなかった。タワマンに住んでタクシーに乗るような人が100円ごときをぼったくるはずがない。そう思ったのだが、一部始終を思い返すと怪しく思えてきた。お金が落ちてしまっただけで「キャー」と言うだろうか。わざと落としたと思われないようにし、お金が落ちたという「事実」をアピールしようとしたのだろうか。100円を10円と聞き間違えるだろうか。なんとか100円の代わりに10円を払ってチャラにしようとしたのだろうか。よく考えると、また乗るという言葉も怪しすぎやしないか。「また乗せて」とあいさつ代わりに言う人はいるにはいるが、今回に限っては騙されてくれてありがとうという意味だったような気になった。全て作戦通りでまんまと騙されたということなのだろうか。人の優しさに付け込んで騙してくるのは許せない。

そうも思ったが、100円を見つけられさえすればそれが裏返るのである。とんだぼったくりおばさんだったのか、普通のお客さんだったのか。普通のお客さんであってくれと洗車の時に再度、座席の下やマットの下まで隈なく探したが、結局あるはずの100円は見つからなかった。見つけることが出来なかったので、自分の中でそのお客さんはぼったくりおばさんだったということになった。しかし、もしかしたら、もしかしたら、自分が見つけられなかっただけで、探しそびれたところに100円が落ちているのかもしれない。そうであってほしい。

毒ガス

22時頃男女が乗ってきて、陽気な男性に「嫌な客とかいないの?」と聞かれた。「たまにいますね」「態度でかいやつとかいるでしょ。乗ってきて『六本木』とかっていうやつ」「いますね、そういう人」「お願いしますくらい言えばいいのにね」「たしかにそうですね」「そういうやつはきっと会社でストレスが溜まってるんだよ。そういう嫌なやつに毒ガス噴射できればいいのにね」毒ガスか(笑)「毒ガス噴射したら気絶しますかね?」「いや毒だから死ぬよ」「あ、死ぬんですか」「そういうやつは殺しときな。毒ガス積んでおきなよ」確かにもしもの時に毒ガスくらいのものがあればなと冗談半分に思っていた。

そして朝方、六本木でお客さんを乗せ、「芋洗坂」「第一京浜」と言われた。見送りがいるから早く車を走らせてくれという感じだったので、とりあえず芋洗い坂を下って新一の橋の辺りで詳しい目的地を聞こうと声をかけたのだが、すでに寝られてしまっていた。起こそうと奮闘したのだが無理だったので交番の警察官に起こしてもらうと、なんで警察がいるのというような反応で、「とにかく早く帰りたいんだけど」と言われ、送り先が分からないと向かえないと言うと住所を言ってくれたので、そこに向かった。着くとまた寝られていて起こすのに少々時間がかかったが、先程一度起こされているからかなんとか起きてくれ、「車寄せ入って」と言われた。見ると車寄せがあったのでそこに入ると急に「早く送れよ。嫁と娘が待ってるから早く帰りたいんだけど」と言われた。朝方まで飲んでたのは誰ですか。お会計をしようとしても払う気配が無く「早く行って」の一点張りで、目的地に着いているはずなのにどこに行くんだと意味が分からなかったのだが、「こちらですよね？」と聞くと「ここじゃねえよ」と言われ、どうやら嘘の住所を言われていたことが分かった…。警察官からとりあえず離れるために適当に言ったということか。車寄せに入れと言ったのも意味が分からない。「案内するから行って」と言われたがまた途中で寝られても困るので住所を教えてほしいと言ったのだが、大丈夫だからと言って教えてくれず、言う通りに進むことになった。しかしお客さんも方向音痴な状態でなかなかたどり着けなかったので再度聞くと、ようやく教えてくれた。起こしたり色々走ったりしていたのでかなりメーターが上がっていたのだが、走っている間、「何でこんなに高くなってるんだよ」「いつもこんな手法でだまし取ってるのか」「客が起きなかったら金取るのかよ」などと散々に言われ、「普通最初に住所聞くだろ？」などとなぜかお説教をされ、非常に苦痛だった。今度は嘘の住所ではなかったようで、やっと目的地までたどり着いた。乗せてから1時間経っており5000円くらいになっていたのだが「いつも1000円だから。

俺みたいに優しい客じゃなかったら1円も払ってもらえないよ」と1000円しか払ってもらえなかった。それで夜乗せたお客さんとの会話を思い出し、すごく毒ガスを噴射してやりたかったなと思った。

ナンパ

朝方、六本木の辺りでお客さんを乗せた。車を走らせるや否や、「お姉さん、よくナンパされません？」と聞かれた。「いえ、そんなことはないですよ」これは本当だ。否定したにもかかわらず、「いや、でもされるでしょ？」「いやいや、本当に全然ないんですよ」「ふーん。いくつですか？」いやお前がするんかい！「25になります」「若いね。僕、32なんですよ」「え！　そうなんですか?!　もっとお若いと思いました」実際27、8くらいかと思ったので驚いた（自分の年齢感覚と実際の年齢にずれが生じているため、最も人の年齢を当てるのは苦手なのだ）。「今までバーで飲んでたんだけどお店の人もみんな潰れちゃって僕が皿洗いとかしてきたんですよ」「え?!　そんなことあるんですか?!」「元々知り合いなんですけどね。それで皿洗ってお金置いて出てきたんですよ。僕が悪いやつだったら大変なことになりますよね（笑）」「ほんとですよね～」「こんなくだらない話もにこやかに聞いてくれてますけど、仕事キツくないですか？」「キツいですね。最近は特に。

夜走っていてもお客さんがいないので」「でも結婚しちゃえば養ってもらえばいいんだから楽できるよね」「たしかにそうですね。お金持ち探さないとですね（笑）」「僕お金ありますよ？　年収5000万くらいあるんで。あ、髪色（明るめの茶髪）がダメか」どういうお誘いなんだ（笑）「今から行くところもバーなんだけど今度一緒にどうですか？」こんな時間になってもまだ帰らずにもう一軒行くのか。「焼肉からでもいいですよ？　興味ありません？」「いや、ちょっと…」この手の誘いをどうやったら上手く断れるのか…。困っていると「業務中だからダメってやつか」とまさかのお兄さんの方から助け船を出してくれた。「そうですね、すみません」580円だったのに3000円置いて去っていった。誘いに乗れないし、「多いですよ」と返そうとしたのだが、「良いもの食べてね」と…。

　時々お客さんが恋愛話を振ってくることがあり、半分ノリで答えるのだが、「やっぱりお金持ちがいいの？」「そうですね、お金はあった方がいいですよね。でもお金持ちの人と出会う機会はなかなか無くて」と言うと、「タクシーに乗るってことはお金持ちでしょ」と返ってきて、確かに、と納得してしまった。あと、声をかけられるときはだいたい「運転手さん」とか「お姉さん」とか「すみません」と言われるのだが、なぜか急に名前で呼ばれることも稀にあり、唐突すぎてドキッとする。

聞き間違いはなんとかしたい

聞き間違いというのはしょっちゅうある。一部しか聞き取れなかったときに、音とリズムを頼りにある程度推測するのだが、勝手に馴染みのある単語に置き換えてしまうこともある。

青山の骨董通りで乗せたお客さんに行き先を言われたが聞き取りにくかったので、例によって推測し「二の橋でございますか?」と聞くと「そうそう」と肯定された。合ってたな、と思ってナビを見て行き方を確認していると、「高樹町から高速で、霞(が関)で降りてください」と。ん? 高速? ここから二の橋だったら高速に乗るはずがない。「えーっと、すみません、目的地はどちらでしたっけ?」「日本橋まで」日本橋!! お客さんはお客さんで私が「日本橋でございますか?」と言ったと思ったようである。お互いに聞き間違えているこのようなパターンが非常に厄介で、このときのように気が付けばいいのだが、気が付くためのヒントが無いとなかなか聞き間違いの罠から抜け出せない。一度そうだと思い込んでしまうとなかなか別の言葉だと思わなくなってしまうのである。

六本木で乗せたお客さんに行き先を言われたのだが「ファミマの交差点」と聞こえた。ファミマの交差点…。行き先を「外苑西通りのホープ軒まで」などとお店とかスーパーの名前で言ってくる人もいるのでそこまで疑いはしなかった。ただ、そういうときは「まっすぐ行った所の」とか「○○通りの」などと言ってくれると思うし、あまりにもざっくりしすぎていてどこのファミマかが分からない。2回聞き返すと「246と環七の」と言ってくれ「ファミマ」ではなく「上馬（かみうま）」だということが判明した。このところあまり調子が良くなく近距離ばかりだったためきっと近場だろうと思っていたのもあり、まさか上馬まで行くとは全く思わなかった。

初めのうちは先輩乗務員が隣に乗って指導をしてくれるのだが、初めて1人で乗務した日の17時ごろ千駄ヶ谷で乗せたお客さんに「千葉の方」と言われた。やった、1日目から東京から出られるとは！　ナビを入れてと言われたのだが、ナビの調子が悪くて指に反応せず手こずっていると「じゃあ案内するので」と言ってくれた。かなり遠いはずなのに千葉までずっと案内してくれるのか、申し訳ないなと思いながら言われた通りに進んで行くと、10分ちょっと行ったところで「ここで」と言われた。あれ、全然来てないのになと思って住所を見たら「千葉」ではなく、「市谷（いちがや）」だったのだ。そういうことか。千葉じゃないいじゃんというガッカリ感より、だから快く案内してくれたのかという納得の方が大きかった。

30代くらいの女性と娘さんを乗せた。「中目黒3丁目」と言われた。3丁目はどの辺りだろうか。日本語が通じないかなと思ったら、意外にも道順を示してくれた。「目黒通り右」「はい」「山手通り左」「はい」「らかんじ右」初めて聞く単語は聞き取れない。「えっと、かんじですか？」「らかんじ」ヨーロッパ系の方だったため「la 漢字」と、「漢字」

に冠詞を付けたのかなと勝手に推測した。つまり漢字の交差点で曲がれということなのか？　なかなか変わった説明の仕方をするなと思いながらも、信号とかで止まったときにざっとナビで山手通りの交差点名を見ていた。「かむろ坂」は「漢字」ではないから違うということか…？　すると、なんと「羅漢寺」という名前の交差点があったのだ。変に冠詞を付けたのではなく、本当にそういう名前の所があったのだ。勝手に冠詞を付けたのはこちらの方であった。申し訳ない。

新人の頃、行き先で「あぶらめん」と言われたときに「油麺」という字が思い浮かび、ラーメン屋さんか何かかなと思った。油そばのような。しかし実際は「油面」という交差点名だった。油面は今ではもう分かるが、そんな感じで勘違いするような名前の場所はまだまだあるだろうと思う。

他には「世田谷公園」と「世田谷方面」、「参宮橋」と「三の橋」、「椎名町」と「信濃町」、「新板橋」と「下板橋」、「十二社（じゅうにそ）通り」と「税務署通り」、「日高屋」と「居酒屋」など。前者が実際に言われた言葉で後者がそれを勝手に置き換えた単語なのだが、初めて聞く単語だと、そもそもそういう名前の所があるんだという段階の話なので聞き取れないのも無理はない。ただ、一度聞き間違えたものは、次言われたときに意識的に聞くことができたりする。

あと、聞き間違いではないのだがよく混同してしまうのが、品川駅の「高輪（たかなわ）口」と「港南（こうなん）口」である。「高輪口」と言われたら絶対に間違えないのだが、「港南口」と言われると「こう」が頭の中で「高」に変換されてしまい、「港南口ですね」と繰り返しているにもかかわらず高輪口に向かおうとしてしまい、途中で気が付くことが多い。

三軒茶屋を三茶、表参道をおもさん、鍋谷横丁を鍋横、二子玉川をにこたま、門前仲町を門仲、世田谷通りをせたどう、カラオケ館をカラ館など当たり前に略して言われる言葉にも苦労した。マニアックなところだと板橋高校を板高など。今なら分かるし略して言う気持ちも分かるのだが、初めて聞いたときは何を言っているのか全然分からず、聞き返して略さずに言われてようやく、ああ、そこのことかと場所が一致したものだ。

地名は？

以前酔ったお客さんを乗せたときに「〇〇区1‐15‐3」というように言われた。「かしこまりました」と言ったものの、何かが足りないことに気づいた。地名だ。「お客様、〇〇区の後は何ですかね？」と聞くと、「だから〇〇区1‐15‐3」と返された。そうではない。「あの、〇〇区の後に地名があると思うのですが…」「1‐15‐3」これはダメだ。呪文のように、それしか言わないのである。だが、地名を言ってくれないのではナビにも入れようがないし、行き先も分からない。「えっと、〇〇区の次は何ですかね？　〇〇とか

○○とか…」「…」もうどう聞けば答えを導き出せるか分からない。作戦を変えて「近くの駅ってどこですかね?」と聞くとようやく「1-15-3地獄」から抜け出すことができた。「そうしましたら○○駅の方に向かったらよろしいでしょうか?」「はい」この手の酔った客の「はい」は信用ならないのだが、確かに○○区だったしそこに向かうことにし、近くまで行ったところで声をかけて案内してもらい、結局のところはなんとかなった。

住所を言うときに地名を言わないお客さんはかなりレアなのだが、似たようなことがまたあった。ただその時は「地名は何ですかね?」と聞くと「あ」と思い出したように言ってくれたため案外あっさりと解決してホッと胸を撫で下ろした。

そしてそれから何カ月も経ったある日の夕方、特段酔ったりはしていなさそうな女性を乗せた。行き先を聞くと、「大田区3-2-○-○」という風に言われた。久しぶりにこのパターンか。そう思って、「すみません、大田区?」と聞くと「3-2-○-○です」と。頭の中ではそう変換されていた。「えーっと、大田区の」「さんのー」そこで一度言葉を止めてくれてようやく気が付いた。「ああ! 山王ですね! 失礼いたしました」たしかに数字が一つ多いことに違和感を覚えていたものの、以前の経験から、地名を言われていないと勝手に錯覚してしまっていたのである。それに大田区はあまり走らないため、山王という地名が聞いたことあるという程度でパッとは出てこなかった。勉強不足であった。

前も乗せたお客さん

お客さんに「前も乗った？」と言われることがあるが、正直、申し訳ないが覚えてない。たとえすごくクセのある人だったとしても残るのはその印象だけで顔とか声までは覚えていない。その時にした話とかを言ってくれればある程度思い出す材料になるのかもしれないが、ただ乗っていただけとかだったら思い出すのはまず無理だろう。学校の先生が特別講師として1日だけある教室で授業をして次の日にはまた別の教室で教えるという状況下で、生徒全員の顔をその場だけで記憶できるかという話である。

同じマンションに別の人を迎えに行くのは珍しくないのだが、小さいアパートとかだと話は別だ。迎車で呼ばれて某アパートに向かっているときに、前も行ったことあるところだなとは思った。そしてお客さんを乗せて行き先を言われ、前もそこだったような気がするという曖昧な記憶をたどりつつ走っていたのだが、走っている中でそれが確信に変わった。事細かに道を指示してくれていたのだが、それが裏道で、確かに前も同じところを同じように説明されて通っていたのだ。たまたま同じ人を乗せる機会は滅多にないので小さな感動を覚え、「前もお客様をお乗せしたと思うんですよね」と言ってみたのだが「ひと月に1回は乗ってるのでそうかもしれませんね」と返ってきた。どうやら覚えていないようだった。逆も然りであった。女性ドライバーだったら印象に残っているのではないかと過信していたが、自分も「毎月やってくる先生」のうちの1人にすぎなかった。

このようにたとえ同じお客さんを乗せていたとしても認知せずに終わってしまうことがほとんどだろう。しかし、一度だけお互いに認識できたことがある。迎車で呼ばれたので迎えに行き、ちょっとした話をしながらある病院まで送った。その1時間後、再び無線が取れて配車情報を見ると、なんと先程と同じアパートで同じ人だった。1時間で病院から帰ってきてまた別の所に行くのか。もしかしたら家族の別の人かもしれないとも思ったが、紛れもなく同じ人だった。家に帰ってきた過程を知らないので、1時間前に別の所に送ったはずの人が元の所に戻っているという光景に不思議な感じがしたが、おそらく病院にいたタクシーに乗って帰ってきたのだろう。二度目ましてだったが、ドアを開けると、はじめましての感じで乗ってきた。すぐに気が付いてくれて盛り上がると思っていたので、勝手に舞い上がっていたのがあほらしく思えたが、走っていると「さっきの人じゃないですよね？」と言ってくれた。そうです！　さっきも私でした！　そしてお客さんが一度目に乗せたときしていた話の続きを切り出してきた。

忘れ物

乗ってから忘れ物に気が付き、取りに戻って再出発することがある。その場で止まって待つか乗せた場所まで戻るのだが、ほとんどの場合は早い段階で気が付くのでそこまで距離が無いことが多い。それでも待っている間はメーターが動き続けているのでもったいないなと思ってしまうのだが、以前、目的地直前で忘れ物に気が付いたお客さんがいた。

港区の桂坂で乗せた夫婦に「麻布十番の商店街まで」と言われ、明治学院を右折して順調に向かっていたのだが、古川橋の辺りで忘れ物に気が付いた。手土産のワインを忘れたらしい。ここまで来ると目的地の方が近いし後ろでどうするか話し合っていたのできっと麻布十番で買うのだろうと思っていたのだが、もう左折したら商店街という一の橋の交差点の手前で「忘れ物をしたのでUターンして乗ったところに戻ってください」と言われた。そう来たか。言われた通りUターンをして来た道を戻り、忘れ物を取って再び麻布十番まで送った。おかげで1000円ちょっとで行ったはずのところが3700円だったので運転手としてはありがたかったのだが、それでも取りに戻るのがすごいなと思った。「忘れ物を取りに行く」という目的で乗ってきて、忘れ物を取りに行くためだけにタクシーで往復する人もいるのでそれを考えたらわりと普通なのだろうか。自分は普段の移動手段と言えば電車かバスか自転車なのでやはり日常的にタクシーに乗る人のお金の感覚は分からない。

寄り道にも色々ある

目的地に向かう途中に寄り道をする人は案外いる。圧倒的にコンビニが多いが、スーパーに寄って買い物するのを待つこともある。スーパーと言えば、時々スーパーから乗ってくる人がいるのだが、スーパーに行くためにタクシーに乗るのには矛盾のようなものを感じてしまう。

夜、お客さんを乗せて走っていると「トイレしたいからどっか途中で止まって」と言われた。「次のコンビニでよろしいですか」と聞くと、「立ちしょんするから適当にその辺で止まって」と言われ、外が暗いとはいえ、立ちしょんか…。

運賃をできるだけ安く済ませたいというのは分かる。安く早く目的地に着きたいというのがほとんどなので「最短で」と言われることが多いのだが、ある時、「行きと料金合わせたいんだよね」と言われた。普通に目的地まで走ると行きよりも大分安くなりそうなのだが、あまりにも違うと問いただされるとか。何かの証拠隠滅だろうか？　走っていると途中で「煙草吸いたいから適当に止まって」と言われ車を止めてお客さんが煙草を吸うのを待ち、その後目的地にだいぶ近づいたところでスーパーに寄って買い物するのを待った。戻ってくると「いくらになった？」と聞かれ答えると「じゃあもうちょっとか」と言われ、最後にもう一度煙草休憩を挟んで目的地まで行き、最終的に７０００円弱になった。

朝方赤坂で女性のお客さんを乗せると、「麻布十番まで」と言われた。「でもその前に寄りたいところがあって」と言われ、案内されたとおりに赤坂近辺を走っていると2か所で「ここらへんゆっくり走ってください」と言われた。曲がりそびれないようにゆっくり走ってと言っているのかと思っていたが、特にどこかで止まるでもなくただ通過しただけだったのにいつの間にか用は済んでいたらしく、少しの迂回の後で「麻布十番に向かってください」と言われた。何のための寄り道だったのだろうか。お会計を終えると「ごめんね、いろいろ回っちゃって」と1000円をくれたのだが、そのチップがさらに「謎」に拍車をかけた。聞くにも聞けなかったので何だったのかは結局分からないままだ。

小学生のタクシー通学

朝、迎車で呼ばれて待機していると、小学校3、4年生くらいの男の子が来た。お父さんかお母さんも来るだろうと思ってドアを開けたままでいると「僕1人です」と言われた。1人?!「かしこまりました」とドアを閉めた。行き先が設定されており、見ると某小学校になっていた。通学ということか。30分弱運転すると到着したのだが、裏のようなところに着いてしまった。後ろですやすやと寝てしまっていたので声をかけて起こして「こちらでよろしいでしょうか」と聞くと「あー、ちょっと違うけどいいや」と降りていった。慣れてるなあ。小学生とはいえお客様なので他のお客さんと同様の接客をしていたのだが、大きい態度を取られると召使いか何かになった気分になる。３５６０円だったのだが、毎日タクシーで通学しているのだろうか。

一度だけ小学生の女の子が１人で手を上げて乗ってきたことがあり、大丈夫なのかと思ったがしっかり行き先も言ってお金も払って降りていった。それにも驚いたが、今回のタクシー通学にも驚いた。親も一緒に乗ってきて途中で子どもを降ろすというのはよくあるが１人で乗ってくるのはかなり珍しい。これ以来、同様の子を乗せたことはない。

音の正体は…？

明治通りを新宿から目白通りに向かって走っていると、早稲田大学の辺りで音楽のようなものが聞こえ始めた。お客さん同士で「こんなに音が大きいと近所迷惑じゃない？」と話していたのだが、大学から遠ざかっても音は小さくなるどころかむしろよく聞こえるようになり、その音はどうやら大学から発せられている物ではないということが分かった。道が混んでいてなかなか進まない中、隣の車線からその正体が次第に近づいてきた。「これか！」それは、某ビールの宣伝用のトラックだった。トラック全面に広告を掲げ、なんともノリが良く耳に残るそのビールの歌をひたすら繰り返し再生しているのだ。

求人やホストクラブの宣伝をしているトラックは新宿などでよく見るが、この手のトラックでビールの宣伝をしているものは初めて見た。渋滞がなかなか解消されないため、皮肉なことにしばらく並走するはめになった。車線変更をして、相変わらず歌を流し続けるトラックの前に入ると「○○（ビール名）が後ろから付いてくる！」と言ったり、音楽が5秒ほど途絶えてまた鳴り始めたときに「あれ終わっちゃった」「機材トラブルでした」と言ったりとしばらくはこのビールの話で盛り上がっていたのだが何分もその状況が続くとそれにも飽きが来て、車内は沈黙、外でビールの歌だけが鳴り響く状態になった。するとと真後ろに座っていた男性が遂に無意識に口ずさみ始めたのだ。しかもそれに誰かが反応するわけではなく、他の2人は無言である。この中毒性のある歌が延々と流れているという状況だけでも面白いのに、それに追い打ちをかけるようなことをされると堪ったもんじゃない。そしてまだ全員後ろに乗ってくれていれば良かったのだが3人だったのに1人助手席に座っていたので、笑いを堪えるのに必死だった。マスクがあってまだ助かったが、相変わらず渋滞で全然進まないので地獄かと思った。

結局目白通りを曲がるまでずっと一緒だったのですっかり歌も耳にこびりついてしまった。お客さんを降ろした後、我慢していた分、大笑いした。

武蔵小山パラダイス

不思議なことに、あるお客さんをそれまで自分が知らなかった場所に送ると、その日の内に別のお客さんをまたその同じ場所に送って復習になるということが意外にも多くある。駅とかもあれば、マンションなどもある。その日までは一度も行ったことが無かったのに、その日には二度や三度行くのだから面白い。また、1日に二度や三度では事足らず、何度も同じところに送ることもあり、そういう時は自分の中で勝手に「〇〇パラダイス」と呼ぶことにしている。

中でも凄かったのは、武蔵小山パラダイスだ。武蔵小山こそ行き先としてあまり言われたことが無く、分かるような分からないような、その程度の認識だった。

パラダイスの始まりは18時半前。２４６を西に向かって走っていると三宿の交差点の手前で手が上がった。乗せると「武蔵小山の方に行ってください」と言われた。

駅の手前くらいで降ろした後、Uターンも兼ねて駅に寄ってみるとタクシー乗り場にお客さんがいた。武蔵小山2組目。

そのお客さんも降ろして走っていると無線が鳴ったためお迎えに行った。送り先が指定されており、見ると武蔵小山駅の近くだった。3組目だ。そのお客さんは結局その指定されていたところを経由して渋谷のセルリアンタワーまで行った。

その後三軒茶屋で無線を取り目黒本町まで送った。武蔵小山ではないが、武蔵小山にだいぶ近かった。

雨が降っていたのもあり、この日はよく無線が取れたのだが、次に取れた無線のお迎えに行くと、「武蔵小山」と言われた。武蔵小山関連が4組目になるとちょっと面白くなってきた。

次第に雨も強まり、ワイパーを最速にしないと間に合わないくらいの土砂降りになってしまった。お客さんを降ろして雨もひどいし一旦休憩しようかなと武蔵小山の商店街のような所を走っていると手が上がってお客さんを乗せた。降ろして2分のことである。5組目。買い物帰りの夫婦で普段は乗らないけどひどい雨だから乗ってきてくれたそうで、助かりましたと言ってくれた。

雨も多少はマシになったが、また無線が鳴った。ここまで武蔵小山が続くと、きっと武蔵小山だろう、と予測する。行き先は、やはり武蔵小山であった。期待を裏切らない6組目。4人乗ってきたのだが、3人武蔵小山で降りて、あとの1人はもう少し先の平塚橋まで送った。

これが20時半頃の話である。2時間ちょっとで7組乗せてその内6組が武蔵小山関連なのだからかなり凄かったなと振り返っても思う。

それからは武蔵小山エリアからも遠ざかり、いつものように特段変わらない営業をしていた。そして日付も変わり明るくなり、武蔵小山パラダイスも過去のこととなりつつあった午前9時。五反田駅でお客さんを降ろすとすぐに別のお客さんを見つけた。乗せると、まさかの「武蔵小山まで」だった。初めは曖昧だった武蔵小山の位置ももうはっきりしていた。忘れたころに唐突に来た武蔵小山パラダイスの続きはさすがに面白くて、1人、心の中で笑った。

鳥のフンにやられた

助手席に乗ったお客さんが乗ってすぐに「運転手さん、やられてますよ」と言ってきた。何だろうと思って見ると、フロントガラスに鳥のフンが…。実はその前の出番の時もやられていたので、なんと2出番連続でやられたのだ。そんなことがあるのか。ツイているのか何なのか。ウィンドウォッシャーで綺麗にしようとしたが、助手席の目の前はワイパーが届かなかった。前回は白くて水っぽいものだったので気が付いたら雨で流れていたのだが、今回のはより固形っぽい、よりそれっぽいものだったので少々の雨では流れず、帰庫するまでそのまま走ることになった。そして、やられたのは助手席の前方の部分だけだと思い込んでいたのだが、洗車の時に見たら前方のさらに上の方と右後方のドアと天井部分にまで付いていた。迎車でお客さんが車の右の方から来たときに小さな悲鳴を上げていたのでまさかとは思っていたのだが、何羽にもやられたのだろうか…?

この日、最後のお客さんを代々木公園まで送ったのだが、西門から公園内に乗り入れ、警備の人に誘導されながら時速5㎞で5分くらいかけて目的地まで行った。途中、ワクチン接種のスタッフだと思われる人たちがたくさん待機している所を通過したのだが、絶対にフンが付いているタクシーだと思われているだろうなと少々恥ずかしくなった。着いたところは土の上に板がしいてあるような所で、雨が止んだ後というのもあり、ぬかるんでぐちょぐちょな状態になっていた。荷物を降ろすのを手伝うのに降りたときに靴が泥色になってしまい、そのまま車に乗り込んだのでマットまで汚くなってしまい、後悔した。そのような所に入ったのでタイヤの周りも泥だらけになっており、帰庫したときにはフンも相まってジャングルにでも行ったのかという見た目のタクシーが完成していた（笑）

フンをタオルで拭きたくなかったのでなんとか水で飛ばそうと思ったのだが他の人にかからない水量では落ちてくれないくらい頑固なフンだった。諦めてタオルで拭いてしまおうかと思ったが、しばらくかけているとふやけて流れてくれたので、地道にそれを6か所ほどやった。それでフンが付いていたところはようやく綺麗になったが、タイヤ周りもなかなか汚く、石鹸を付けたタワシでこすって水で流してというのを数回行い、その後で少し車を前に出してタイヤを転がして下になっていた部分を再び洗って…というのをタイヤ4つ分やり、やっと目立った汚れは無くなった。そしてそれからいつものようにボディの洗車に入った。そんなこんなでこの日の洗車は時間もいつもの倍くらいかかってかなり大変だった。

あとがき

執筆していたのはコロナ禍の真っ只中だったのですが、終わりの見えなかった緊急事態宣言もようやく10月1日に明け、10月25日から時短営業も解除され、「どう？　人は戻ってきた？」とよくお客さんに尋ねられるようにもなりました。こんなに楽な仕事だったのか！　というくらい、何も考えずにただ走っているだけでお客さんが見つかり、明らかに人出が変わったなと実感した1週間目、しっかりした付添人もいてちゃんと袋を渡したにもかかわらず、酔っぱらったお姉さんに吐かれて車内を汚されました（汚い話ですみません）！　日常が戻ってきたということでしょうか。しかし、やはりまだ日によるかなという感じです。（単に私の流し方が下手になったという可能性も否定できませんが…）何はともあれ、またマスク無しで生活できる日が来ることを願うばかりです。

最後に、本書の出版に至った経緯について少しばかり書こうと思います。

私は、その日の出来事とかを記録するのが好きで、大学のときもバイトでこんなことがあったとかこんなお客さんがいたというのをノートに書き連ねていました。それの延長で、入社してからも、誰に披露するでもないのに主に今回本にしたような内容をメモ程度で書き溜めてありました。忘れたころに見返すと、ああ、こんなこともあったなと面白いからで、完全に自分用です。ただ、眠っているネタたちが勿体ないなとも少しは思っていました。

また、大学の友達に書いたものを褒められたことがあり、それで調子に乗ってライターになりたいなと思ったこともあるのですが、試しに文章を書くバイトのようなものをしてみたときに決められたものを書くのは好きではないということが分かり、職業にするのは違うなと思っていました。

そんなときに、大学のときに趣味で作品を応募した文芸社さんから出版をしないかという話をいただき、自分に書けるのかという不安はありましたが、心の隅で眠っていた願望が夢から目覚めたので、「明け」の時間を有効活用して書いてみることにし、表紙は小学生の頃からの友達であるMOSSANにお願いしました。自由に書けるのはやはり良いなと思いました。出版に関わってくださった全ての方々にこの場をお借りして心より感謝申し上げます。ありがとうございました。

そして何より、本という物は、読んでくれる人がいてやっと意味を成すものだと思っています。読者の皆様、最後の最後までお読みいただき本当に本当にありがとうございます。少しでも面白いと思っていただけたら、暇つぶしのお供になれていたら嬉しい限りです。この本が1人でも多くの人に手に取っていただけたらと願っております。

さて、都内でタクシーに乗って「若い女性ドライバー」だったら、もしかしたら私かもしれません。次は是非、タクシーでお会いしましょう。

２０２１年11月　高野ほっきがい

著者プロフィール

高野 ほっきがい（たかの ほっきがい）

199X年、北の生まれ。

東京23区在住のタクシードライバー。

好奇心旺盛だが飽きっぽい。特技はどこででも寝られること。

高校1年生のときに1年間、カナダに留学。卒業後、日本の真ん中辺りにある大学に進学。住んでいたアパートの取り壊しを機に、大学の留学生たちとシェアハウス生活を始める。大学3年生の夏休みに51日かけて原付で日本一周をする。

大学を卒業し、就職のため、上京。

新卒×女×タクシー

2022年3月15日　初版第1刷発行

著　者　高野 ほっきがい
発行者　瓜谷 綱延
発行所　株式会社文芸社
〒160-0022　東京都新宿区新宿1－10－1
電話　03-5369-3060（代表）
03-5369-2299（販売）

印　刷　株式会社文芸社
製本所　株式会社MOTOMURA

ISBN978-4-286-23519-6